Ecole d'Application de l'Artillerie et du Génie.

Cours de Fortification permanente.

1ère Partie.

Les Principes de la Fortification déduits de son histoire.

(Planches).

Mr Corbin
Chef de Bataillon du Génie, Professeur.

(Notes prises au Cours par les Élèves.)

Lithographie de l'Ecole d'Application de l'Artillerie et du Génie.

Octobre 1888.

Les figures de cet atlas sont la reproduction par la photo-litho-graphie de planches annexées à divers ouvrages de fortification, notamment à celui de M.ʳ le Général de Villenoisy (Essai sur la Fortification) et au Cours de M.ʳ le Colonel Delair; la plupart de celles relatives aux places étrangères sont extraites soit de l'Atlas annexé au Cours de l'École supérieure de Guerre, soit de l'Atlas des places étrangères de l'École d'Application. Enfin certains dessins relatifs aux travaux ou aux idées d'ingénieurs anciens ont été reproduits d'après les planches annexées aux ouvrages mêmes de ces auteurs.

Pour éviter de laisser des blancs trop considérables dans cet atlas, on ne s'est pas astreint, d'une façon absolue, à placer les figures dans l'ordre naturel de leurs numéros.

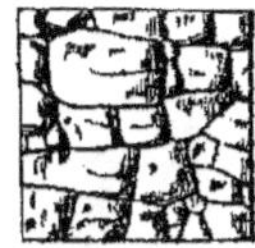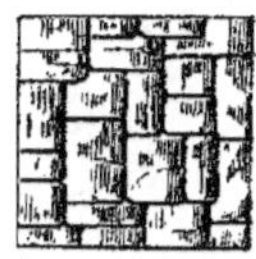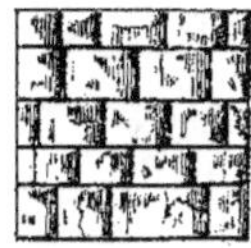

Fig. 1
Appareils de construction (d'après Dodwell).

Fig. 2.
Sambuque.

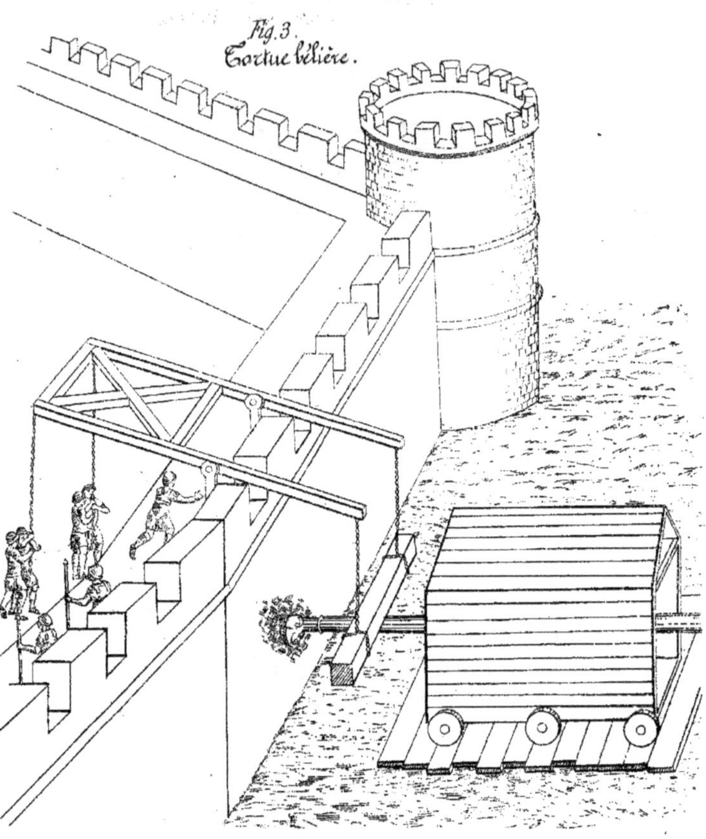

Fig. 3.
Tortue bélière.

(Croquis de Folard.)

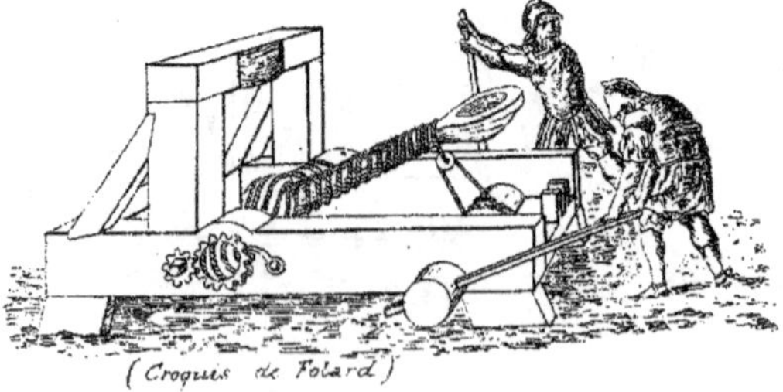

Fig. 4.
Catapulte.

(Croquis de Folard.)

Fig. 5.
Corbeau à tenailles.

(Croquis de Folard.)

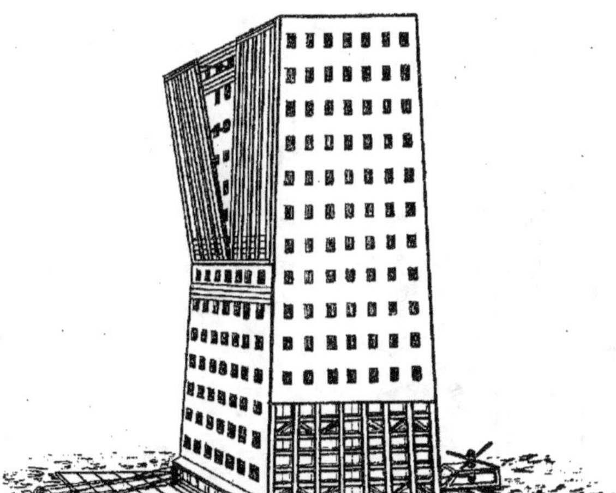

Fig. 6.
Hélépole.

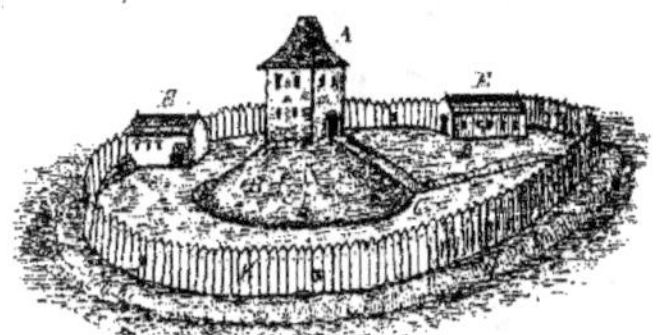

A. Donjon. B. Motte. C. Pont du donjon.
D. Cour du baille. E. Écuries, magasins communs.
F. Palissade. G. Fossé extérieur.

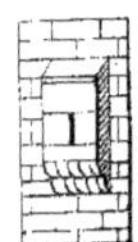 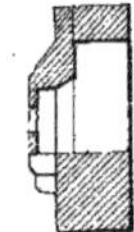

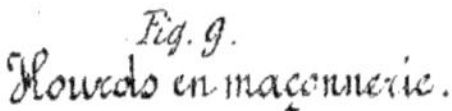

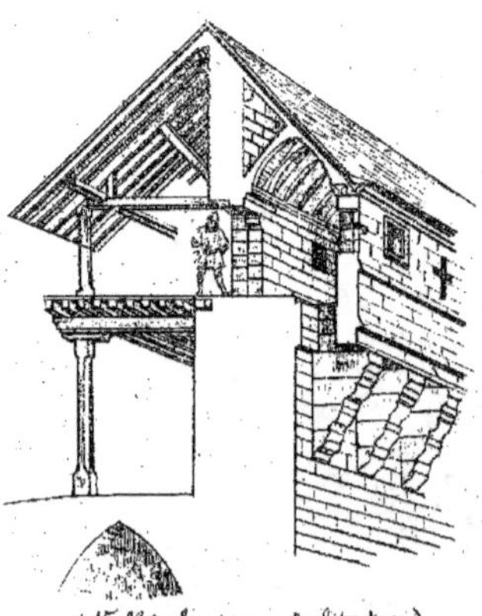

(Viollet-le-Duc. Architecture.)

Fig. 12.
Porte du moyen-âge avec herse.

(De Caumont. Archéologie.)

Fig. 13.
Plan du Château de Carcassonne.

A. Château
B. Tour de barbacane;
C. Ville.

(Viollet-le-Duc. Architecture.)

Fig. 14.
Murs avec contreforts réunis par des voûtes verticales (Alghisi de Carpi, 1570).

(Viollet-le-Duc. Architecture)

Fig. 15.
Murs avec contreforts réunis par des voûtes verticales.

Contreforts de Giorgio Martini.

Fig. 16.
Contreforts réunis par des voûtes horizontales.

(Viollet-le-Duc. Architecture)

Fig. 17.
Combinaison des 2 systèmes de voûtes horiz^les et vert^les

(Viollet-le-Duc. Architecture)

Fig. 18.
Système d'Errard de Bar-le-Duc.

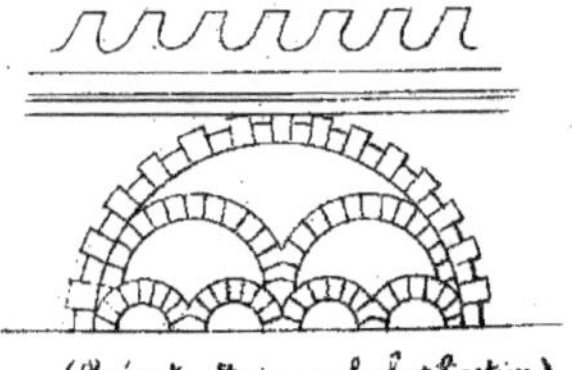

(Prévost. Études sur la fortification)

Fig. 19.
Contreforts avec voûtes étagées de Cashiollo (1560)

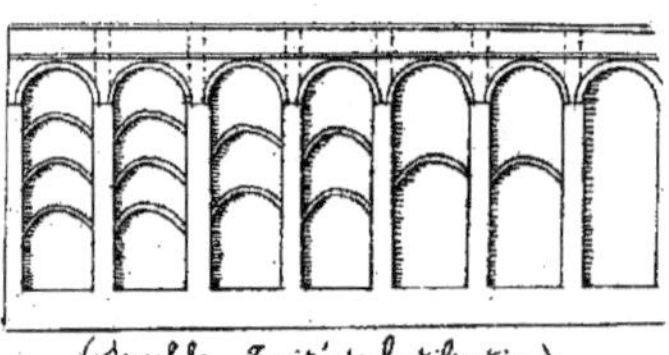

(Speckle. Traité de fortification)

Fig. 20.
Voûtes génératrices parallèles à l'escarpe.
(Pont St Esprit)

Fig. 21.
Escarpe pleine avec galerie d'écoute.

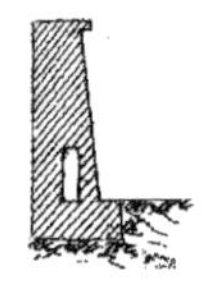

Fig. 22.
Profil d'une fausse braie en terre.

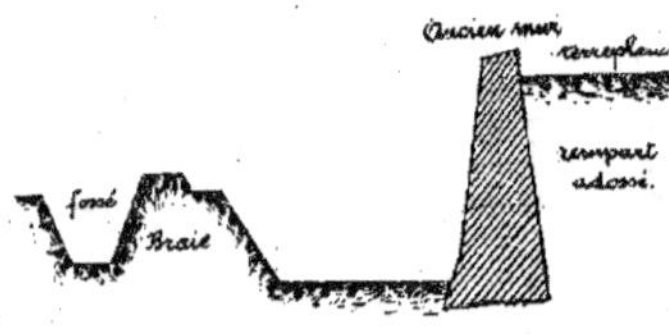
Ancien mur
avrepleine
rempart
adossé
fossé
Braie

Fig. 23.
Profil d'un fossé avec fausse braie.

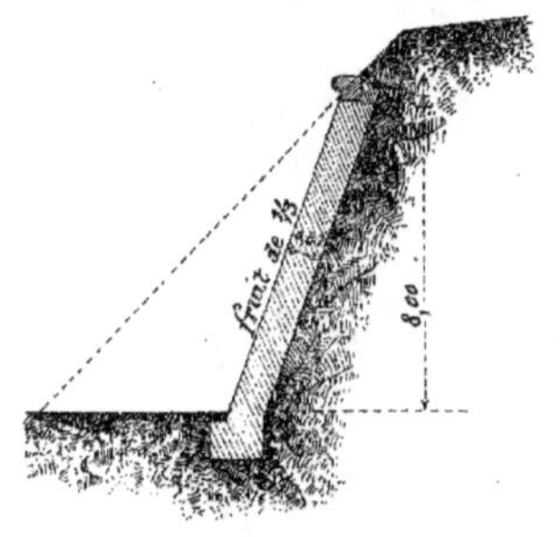

Fig. 24.
Profil de revêtement incliné d'Hesdin (1554).

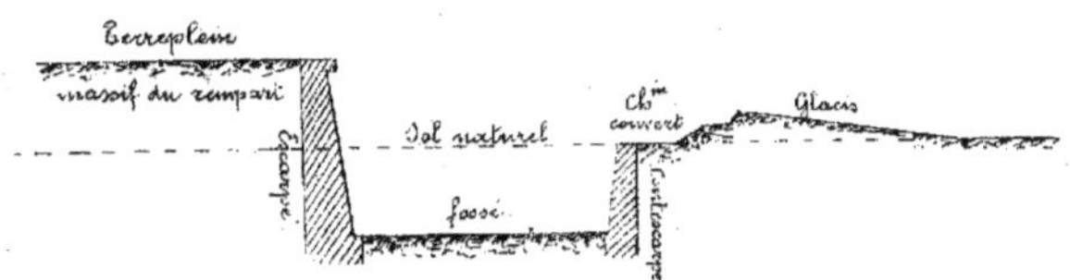

Fig. 25.
Profil de fossé, avec contrescarpe et chemin couvert.

Fig. 26.
Premières embrasures dites « Canonnières ».   Embrasure à la française.

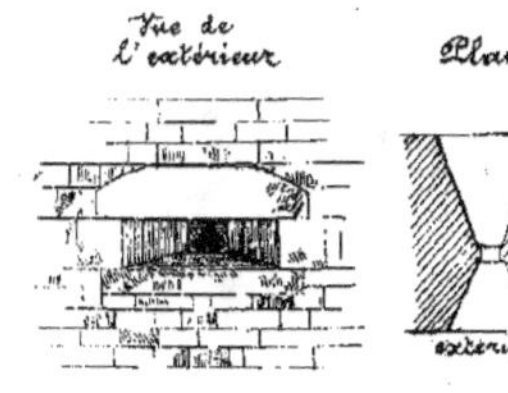

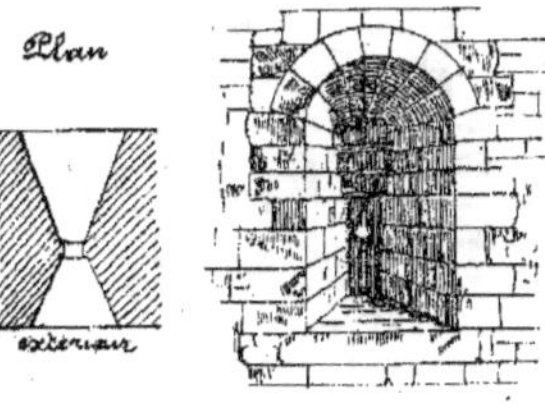

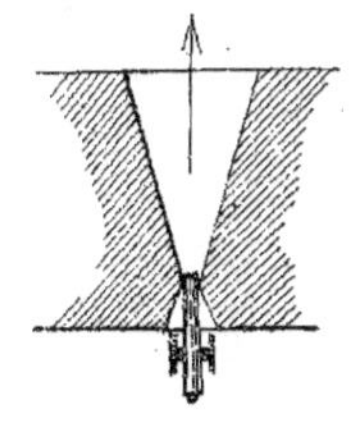

Fig. 27.
Bastions détachés en avant d'une enceinte à tours.

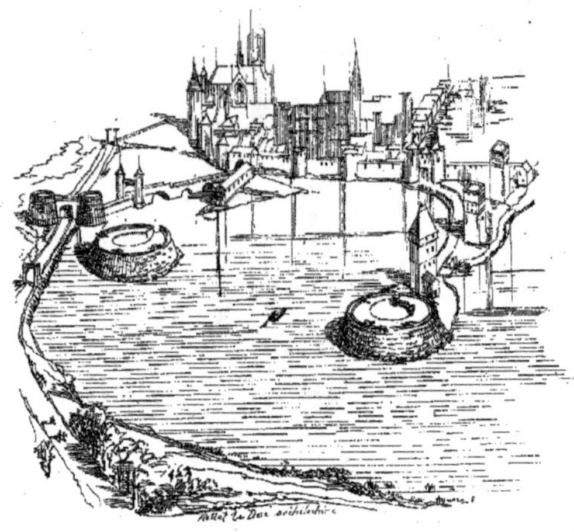

Viollet Le Duc architecture

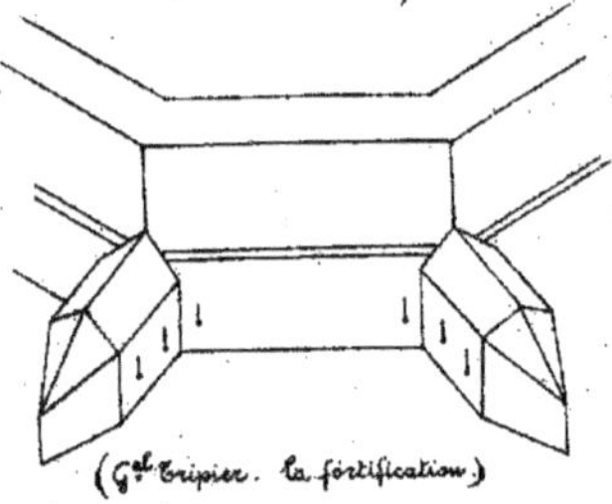

Fig. 28.
Moineaux ou Campannati
(Gal Tripier. la fortification.)

Fig. 29.
Citadelle di Turin.
Tartaglia 1538.

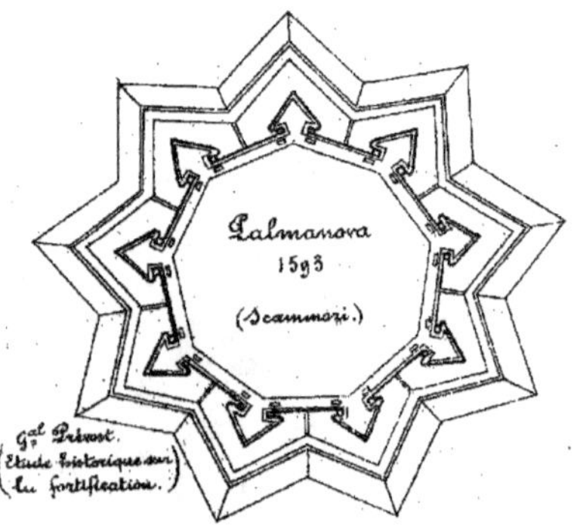

Fig. 31.
Palmanova
1593
(Scammozi.)
Gal Prévost
(Etude historique sur
la fortification.)

Fig. 49.
Front de la 2e manière de Vauban.
Profil suivant ABCDE (Éch. de 1/666)
Profil suivant FG. (1/666)
Plan
Profil suivant HI (1/666)
(Échelle de 1/2500)

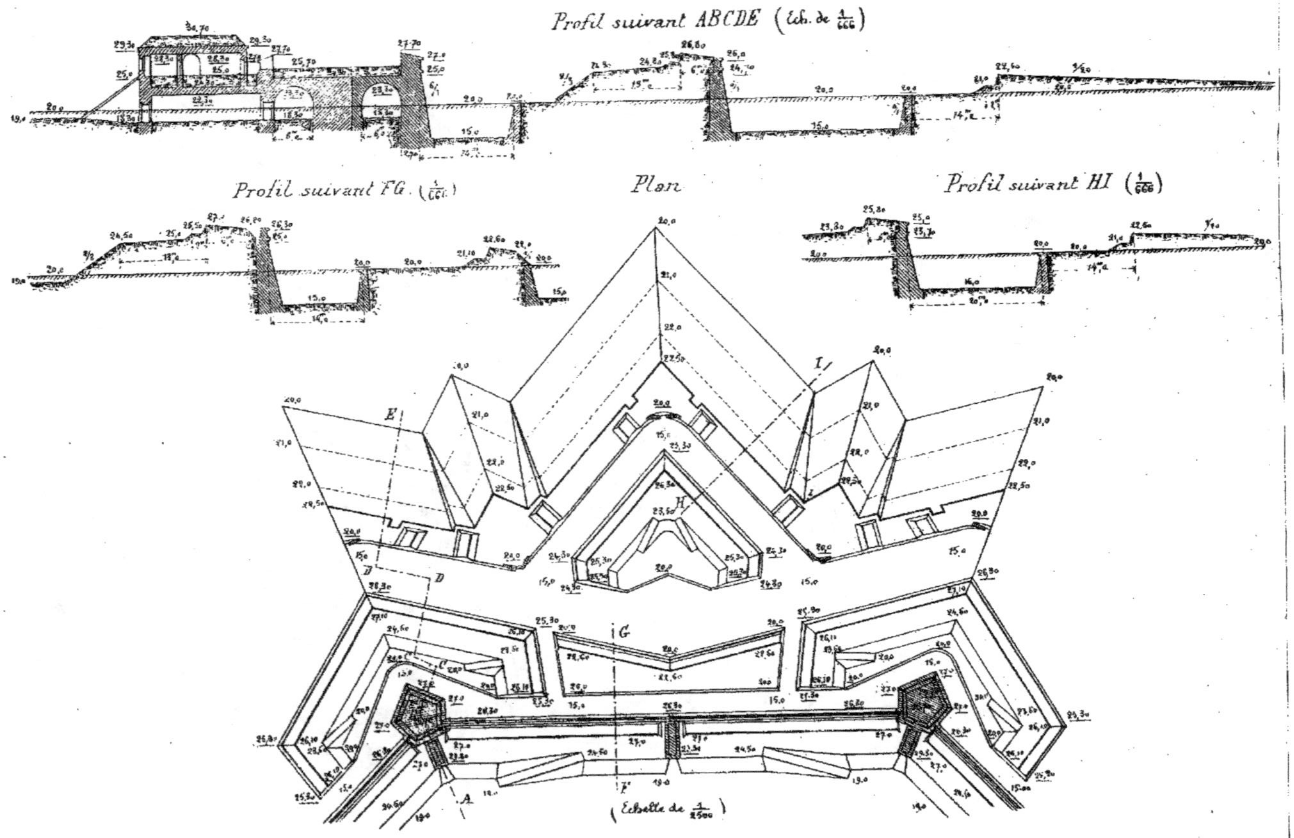

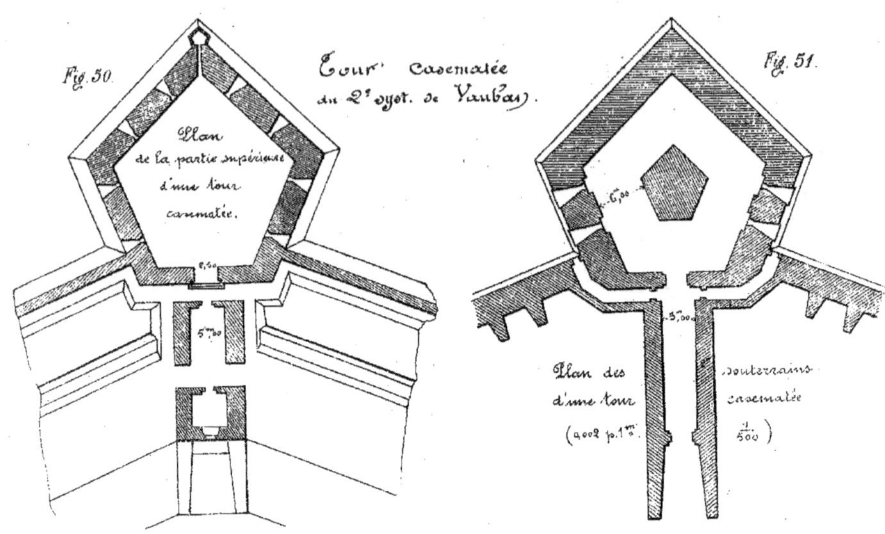

Fig. 50.
Fig. 51.
Tour casematée
au 2.º syst. de Vauban.
Plan
de la partie supérieure
d'une tour
casematée.
Plan des souterrains
d'une tour casematée
(0,002 p.1.m.   1/500)

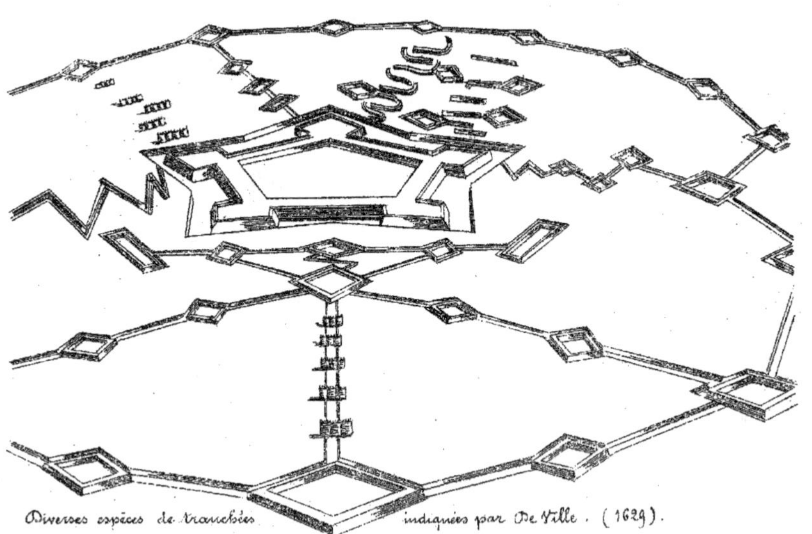

Fig. 53.
Diverses espèces de tranchées indiquées par De Ville. (1629).
Diverses espèces de tranchées   indiquées par De Ville. (1629).

Fig. 52. Front de la 3e manière de Vauban
Profil suivant ABCDE (Éch. de 1/666)
Profil suivant FG (1/666)
Profil suivant HIK. (1/666)
Plan de l'étage souterrain de la tour.
Coupe suivant LMNO
Plan. (Échelle de 1/2500)

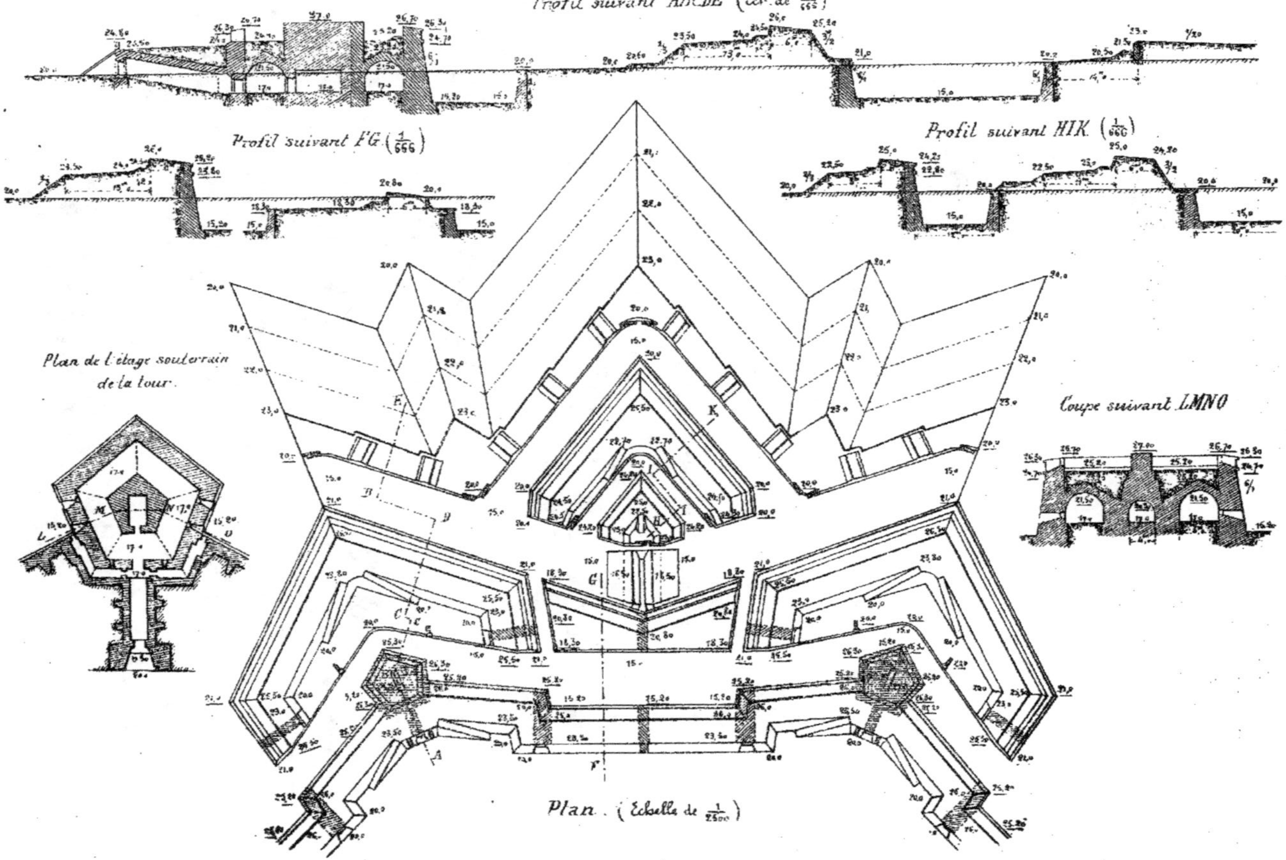

Fig. 54.
Derrière - coups de Montluc.

Fig. 55. Profil de la tranchée simple de Vauban après la 1re nuit.
fascine à tracer

Fig. 56. Profil de la tranchée simple de Vauban élargie.
fascine à tracer

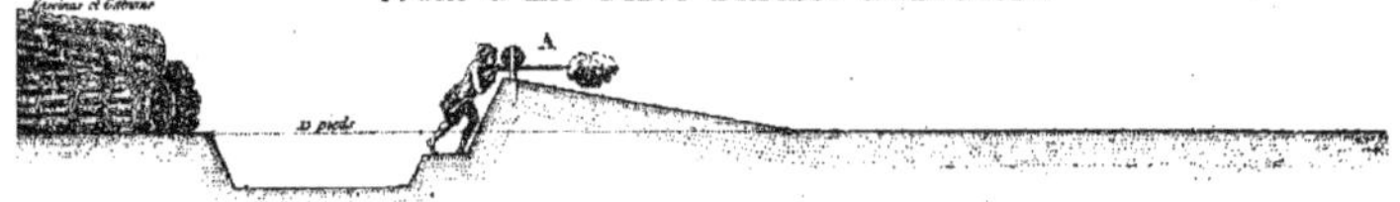

Fig. 57.   LES PLACES D'ARMES.
Profil d'une Place d'Armes à faire feu.
A
Profil d'une Place d'Armes disposée par Banquettes pour passer par dessus
Fig. 58.
B
Amas de Matériaux
Grenadiers prêts à partir.
Grenadier qui dérange la Fascine pour faciliter le passage

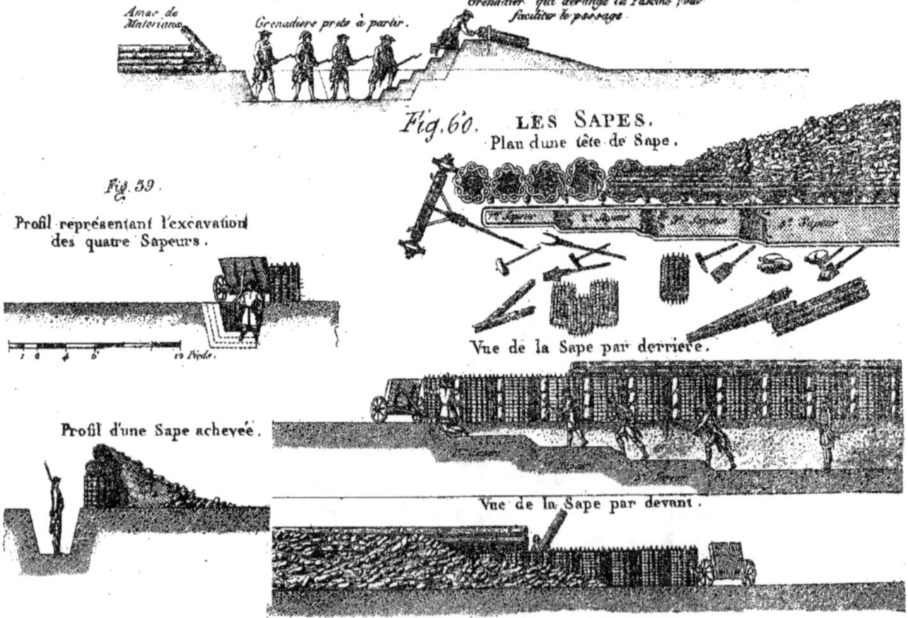

Fig. 60.   LES SAPES.
Plan d'une tête de Sape.
Fig. 59.
Profil représentant l'excavation des quatre Sapeurs.
Vue de la Sape par derrière.
Profil d'une Sape achevée.
Vue de la Sape par devant.

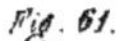

Fig. 61.

Plan d'ensemble des attaques de Vauban en terrain uni.

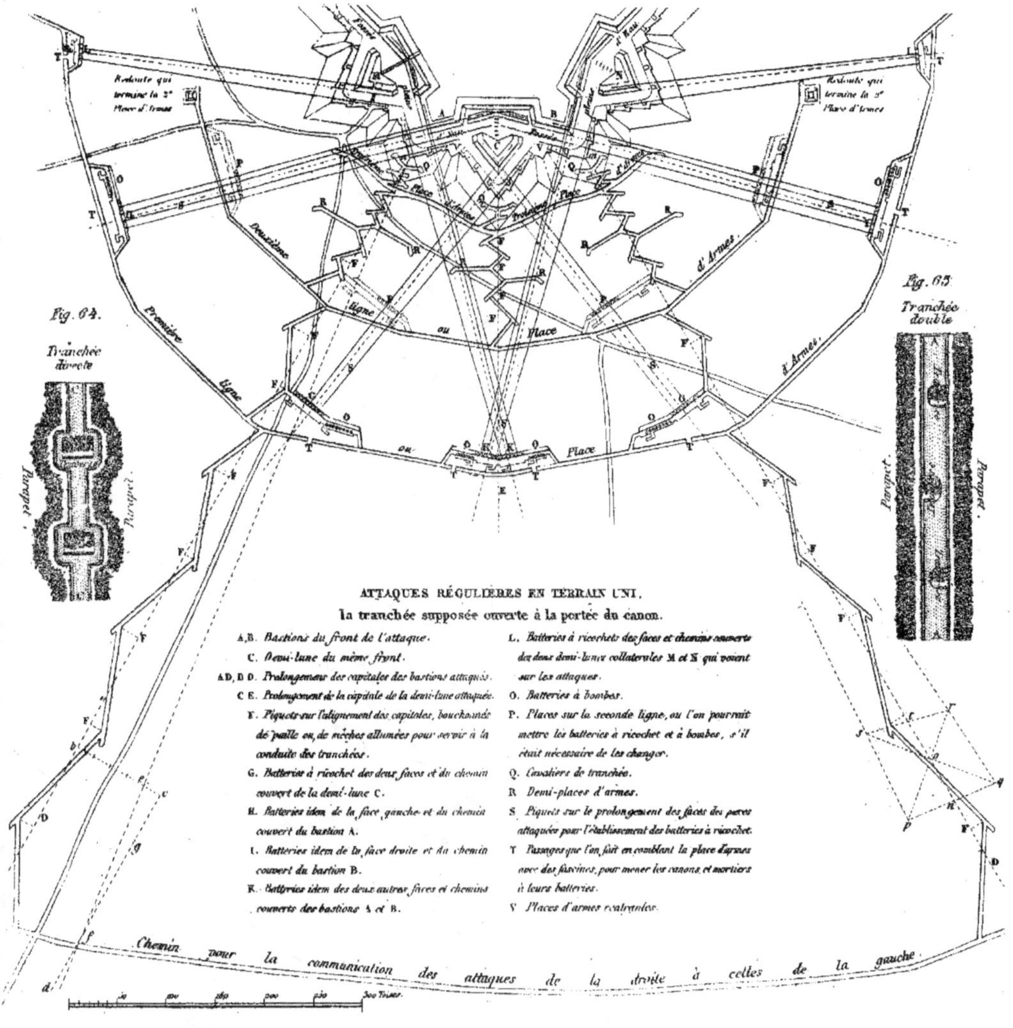

Redoute qui termine la 2e Place d'armes
Première ligne ou Place d'armes
Deuxième ligne ou Place d'armes
Place
Chemin pour la communication des attaques de la droite à celles de la gauche
ATTAQUES RÉGULIÈRES EN TERRAIN UNI,
la tranchée supposée ouverte à la portée du canon.
A,B. Bastions du front de l'attaque.
C. Demi-lune du même front.
AD, BD. Prolongemens des capitales des bastions attaqués.
CE. Prolongement de la capitale de la demi-lune attaquée.
F. Piquets sur l'alignement des capitales, bouchonnés de paille ou de mèches allumées pour servir à la conduite des tranchées.
G. Batteries à ricochet des deux faces et du chemin couvert de la demi-lune C.
H. Batteries idem de la face gauche et du chemin couvert du bastion A.
I. Batteries idem de la face droite et du chemin couvert du bastion B.
K. Batteries idem des deux autres faces et chemins couverts des bastions A et B.
L. Batteries à ricochets des faces et chemins couverts des deux demi-lunes collaterales M et N qui voient sur les attaques.
O. Batteries à bombes.
P. Places sur la seconde ligne, où l'on pourrait mettre les batteries à ricochet et à bombes, s'il était nécessaire de les changer.
Q. Cavaliers de tranchée.
R. Demi-places d'armes.
S. Piquets sur le prolongement des faces des pieces attaquées pour l'établissement des batteries à ricochet.
T. Passages que l'on fait en comblant la place d'armes avec des fascines, pour mener les canons et mortiers à leurs batteries.
V. Places d'armes rentrantes.
300 Toises.
Fig. 64. Tranchée directe.
Parapet.
Parapet.
Fig. 65. Tranchée double.
Parapet.
Parapet.

Parapet de la Tranchée.

Fig. 62. Traverses à Crochets.

B
Parapet.
B

Fig. 63.

Talus de la Banquette.
Traverse
Tranchée
D
D

TRAVERSES TOURNANTES

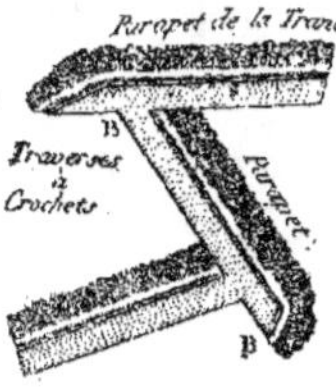

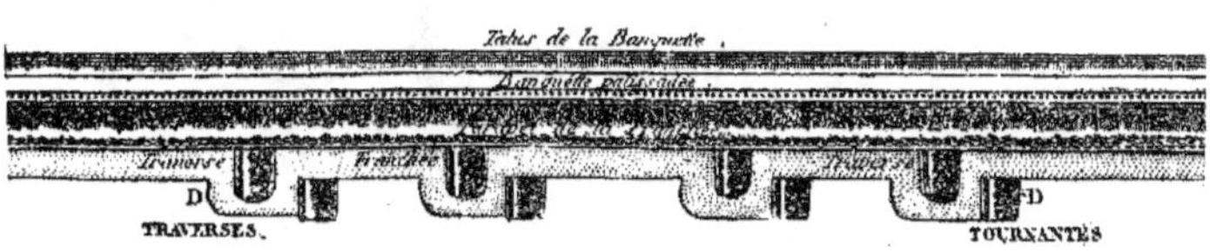

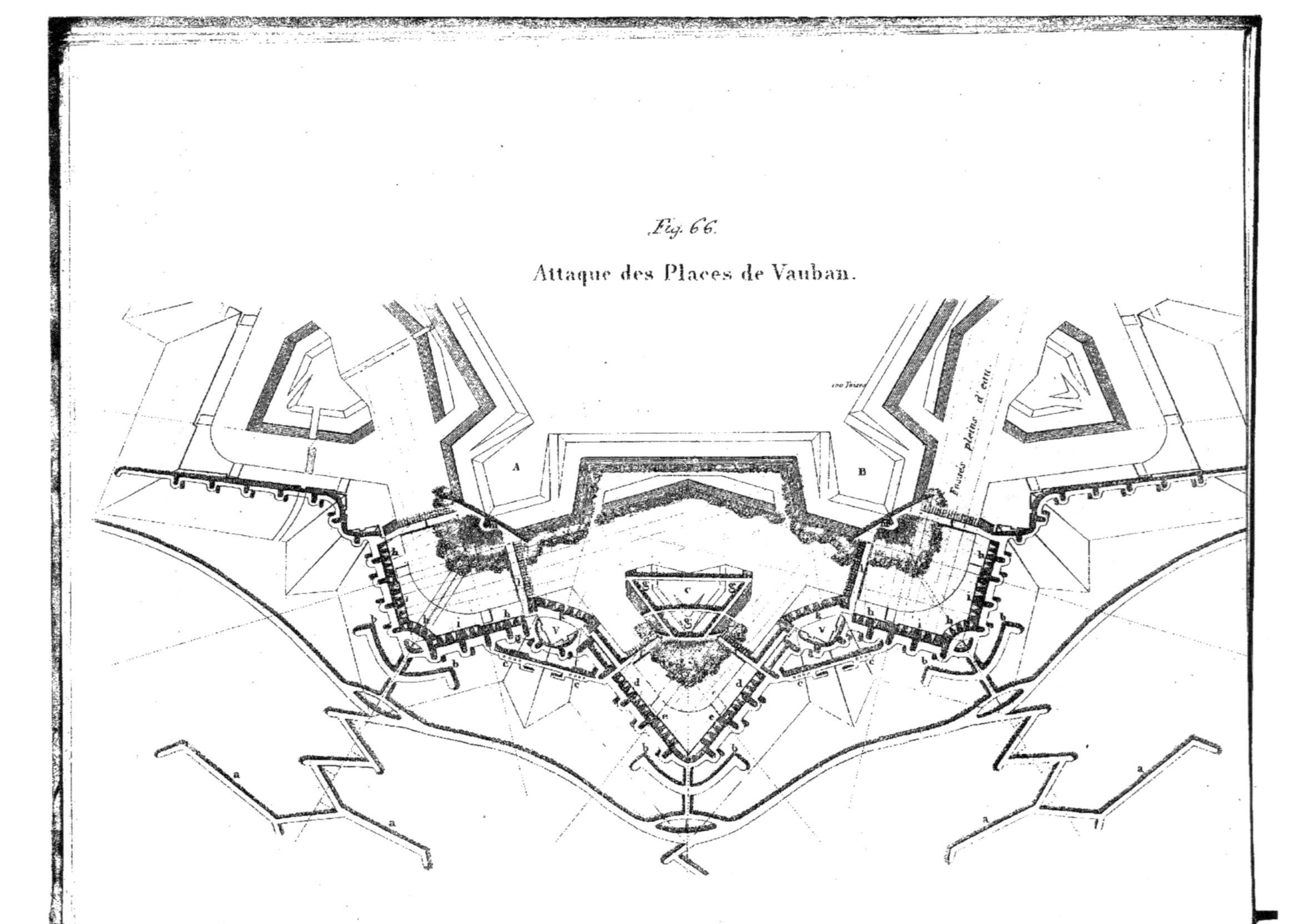

Fig. 66.

Attaque des Places de Vauban.

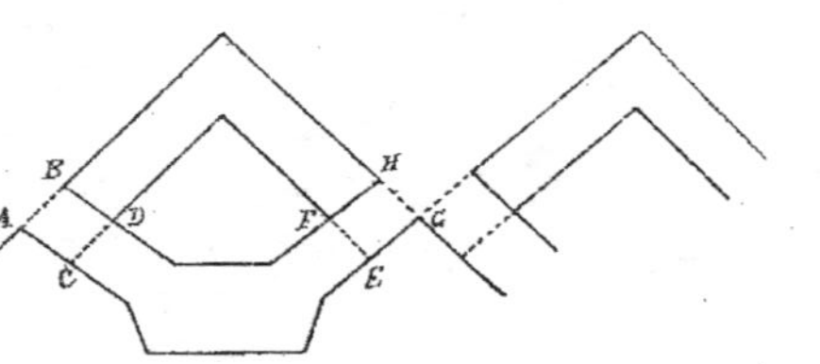

Fig. 67.
CAVALIER DE TRANCHÉE.
Profil d'un Cavalier. 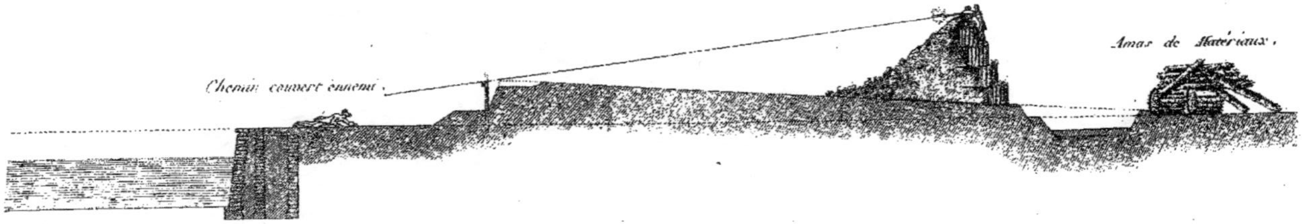
Chemin couvert ennemi.
Amas de Matériaux.
Fig. 70. Systèmes dits « à démolition »
Tracé de Priendel d'Aach. (1678).
A B
C D
E F
G H

Fig. 69.
Front du 1er système de Cochorn
Echelle de 1/2000.
Coupe CD à 1/500.
Coupe AB à 1/500.
Coupe EF à 1/500.

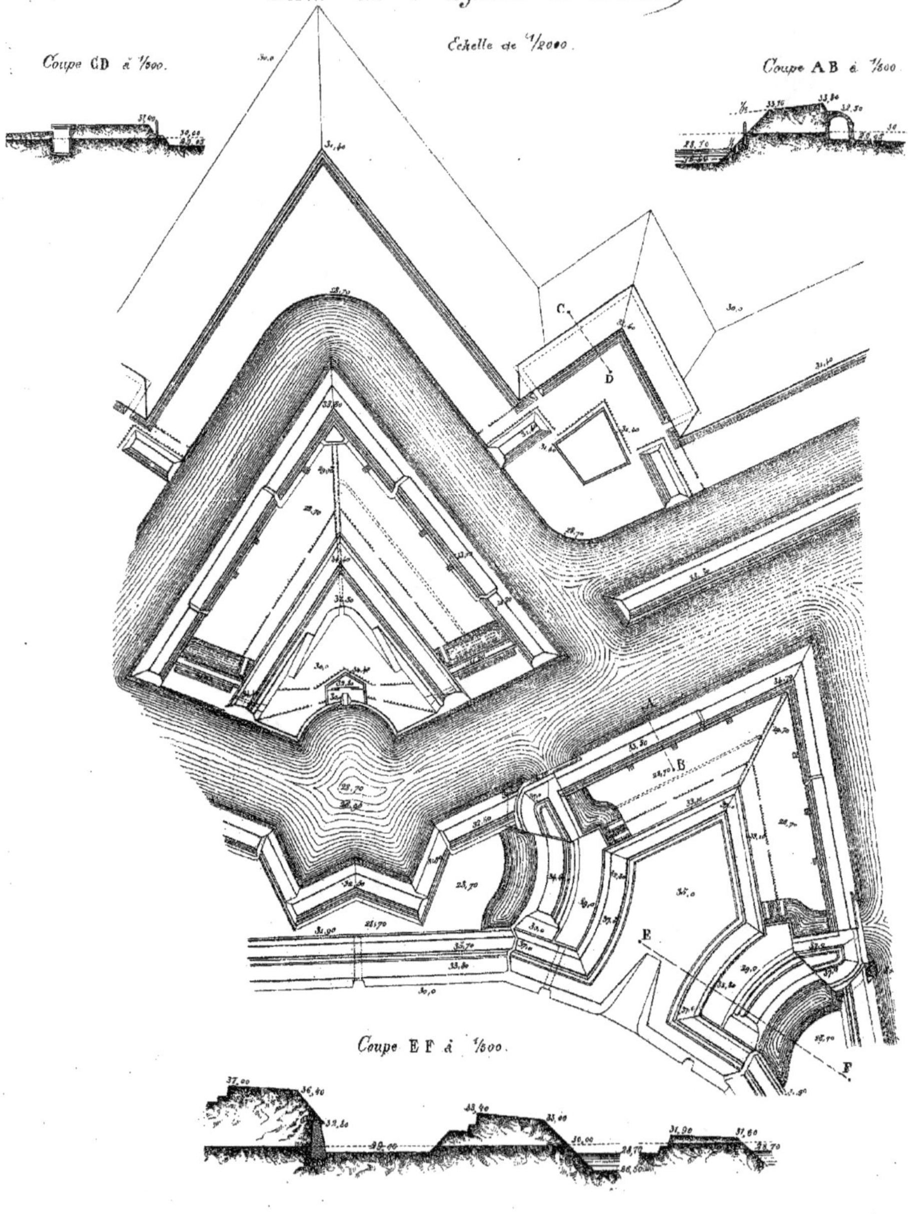

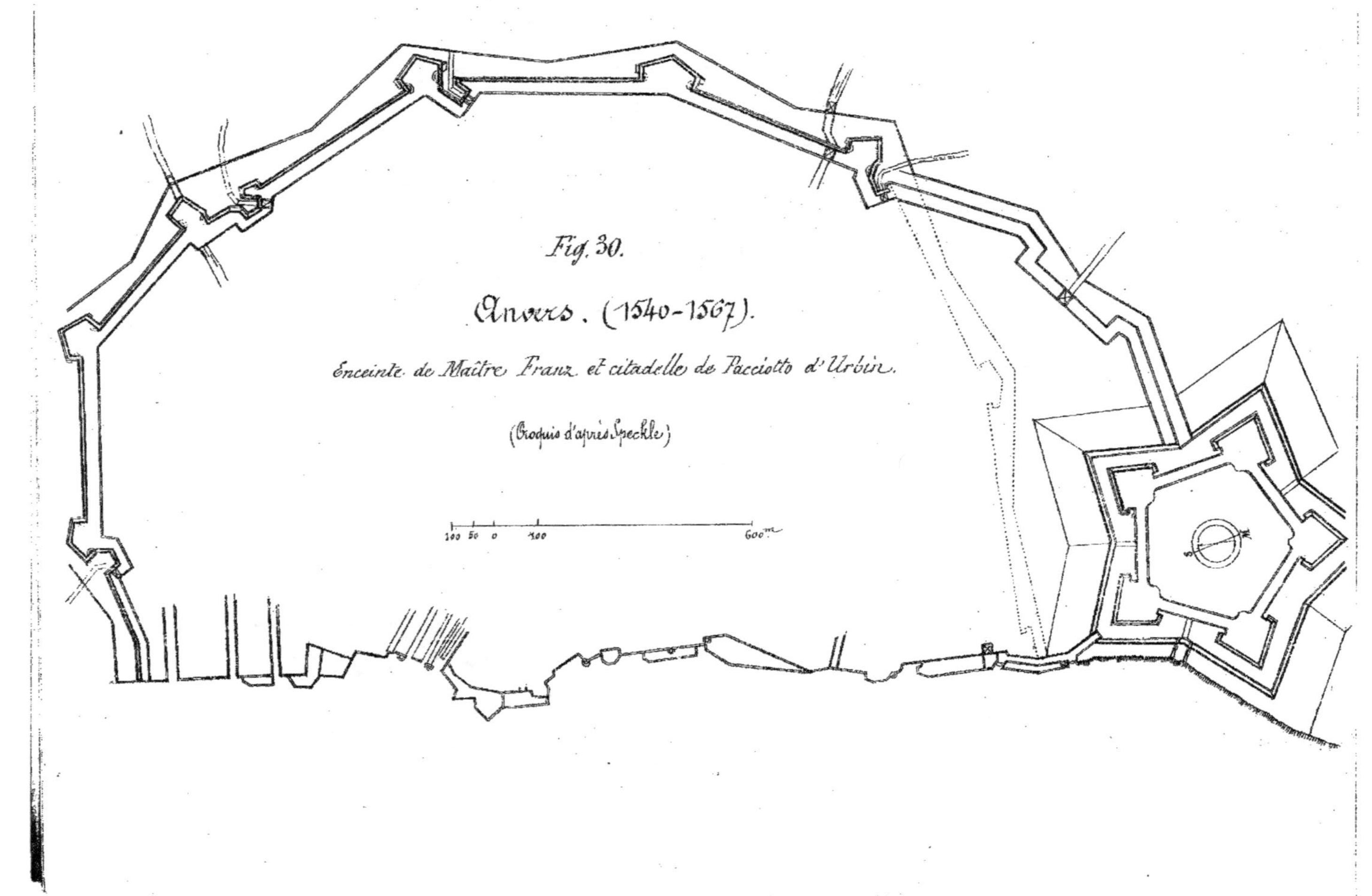

Fig. 30.
Anvers. (1540-1567).
Enceinte de Maître Franz, et citadelle de Pacciotto d'Urbin.
(Croquis d'après Speckle)
100 50 0 100 600 m

Fig. 52. Front d'Errard de Bar-le-Duc.

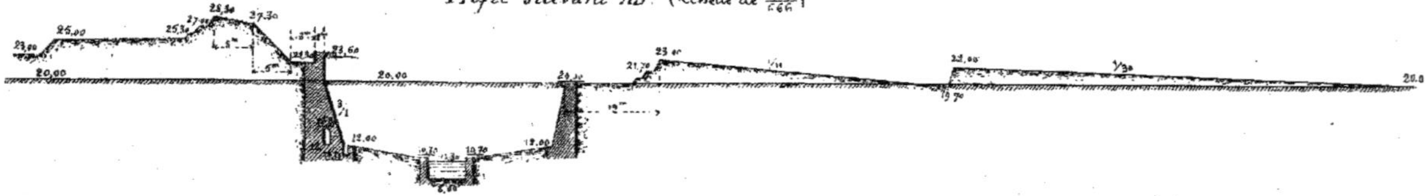

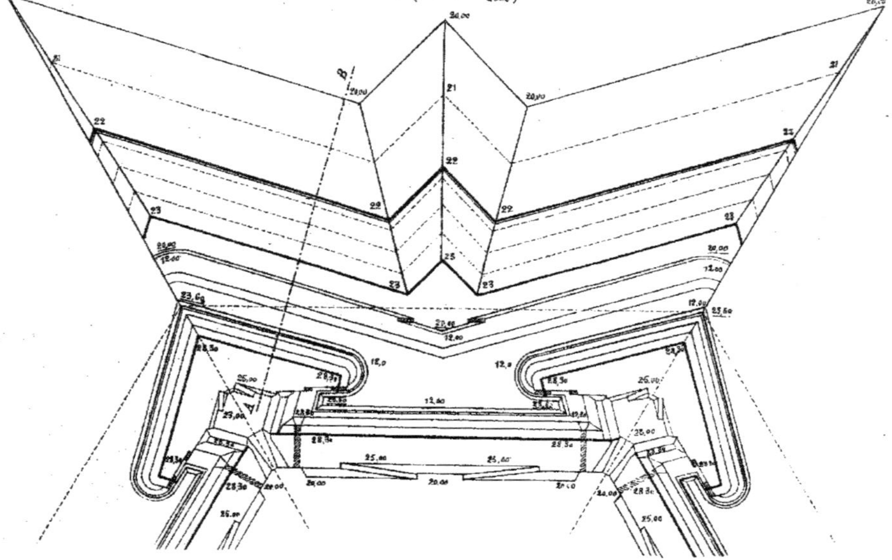

Fig. 33. Plan d'un Bastion plein
Fig. 34. Plan d'un Bastion vide.
terreplein.
Bastion plein
Bastion vide

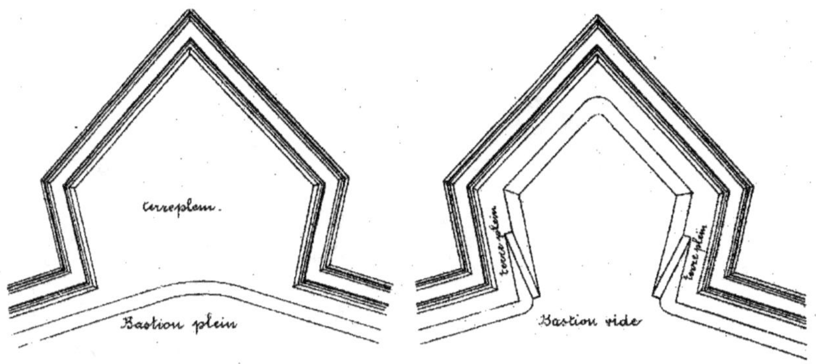

Fig. 37. Fortification du Comte
Blaise de Pagan.
(2e Disposition des dehors.)
(Pagan, ses fortif.ns)

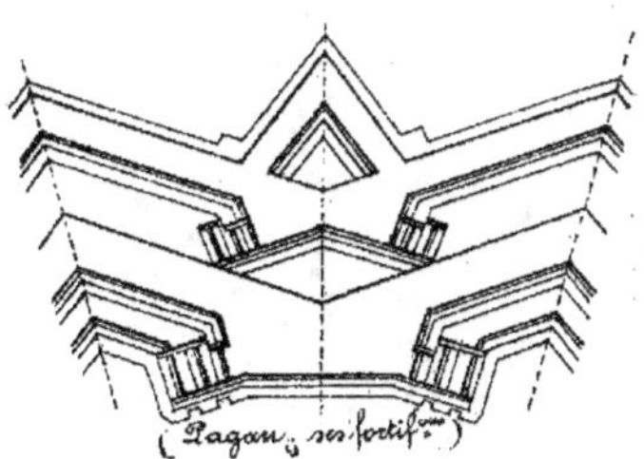

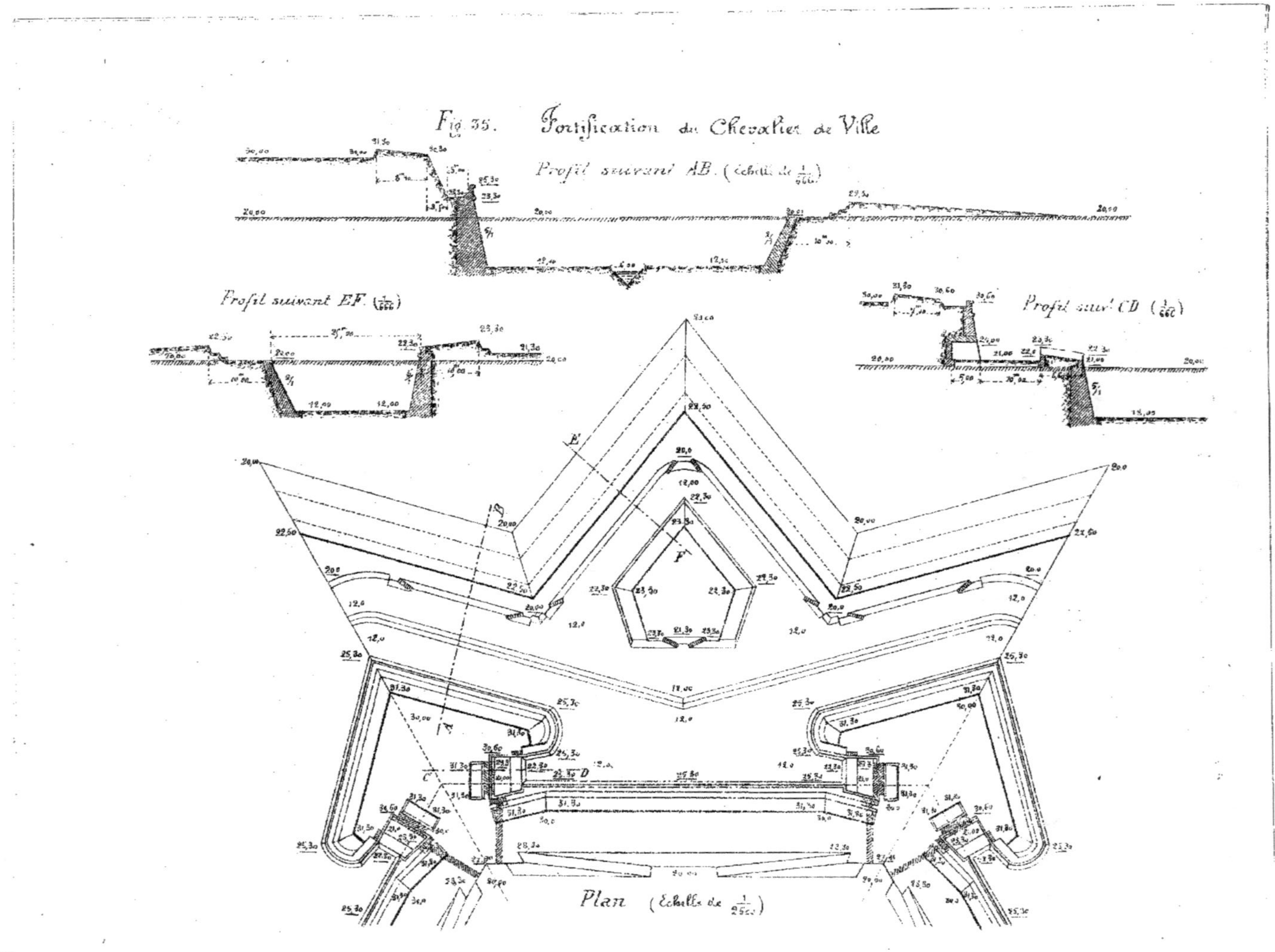

Fig. 35. — Fortification du Chevalier de Ville

Fig. 36. Fortification du Comte Blaise de Pagan.
(1re Disposition au dehors.)
Profil suiv.t AB. (Éch. de 1/666)
Profil suiv.t CD. (1/666)
Profil suiv.t EFG (1/666)
Plan. (Échelle de 1/2500)

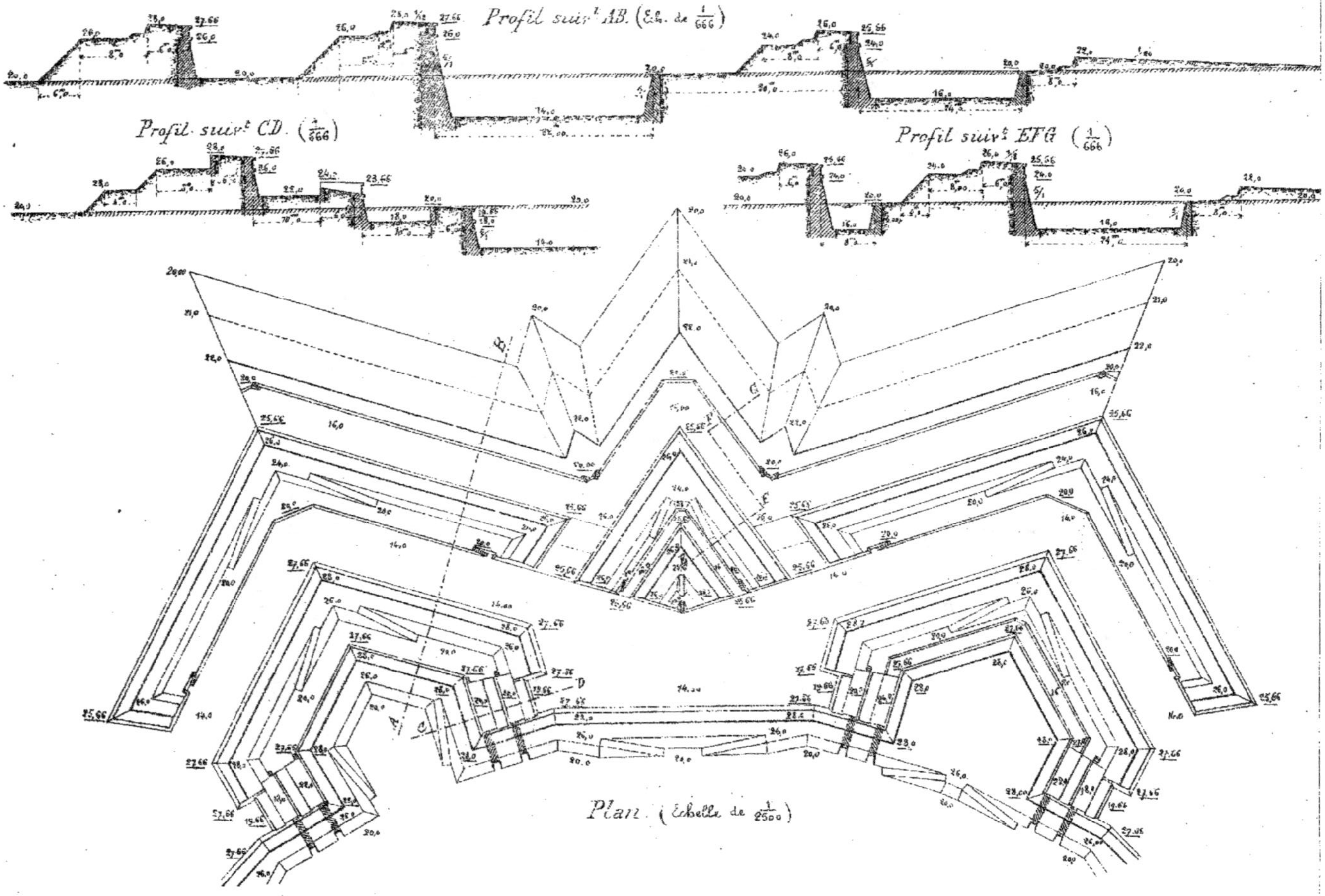

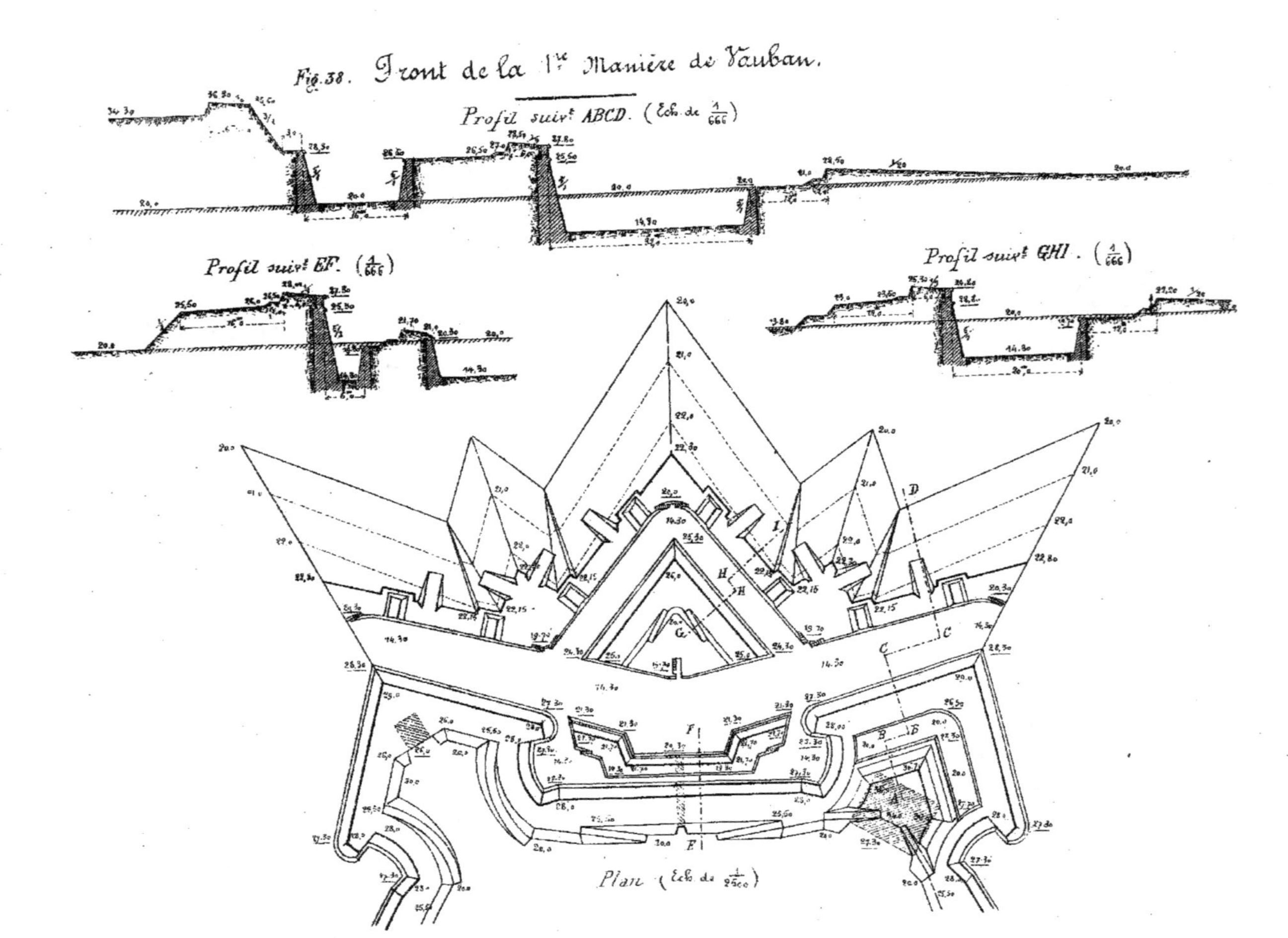

Fig. 38. Front de la 1re Manière de Vauban.
Profil suivt ABCD. (Éch. de 1/666)
Profil suivt EF. (1/666)
Profil suivt GHI. (1/666)
Plan. (Éch. de 1/2500)

Tenailles de Vauban.

Fig. 39.

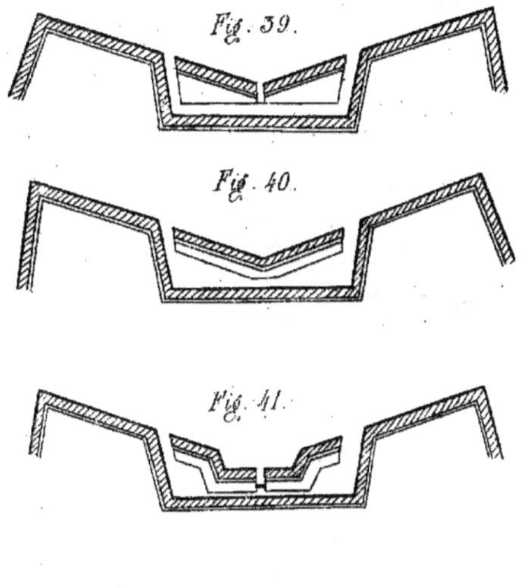

Fig. 40.

Fig. 41.

Fig. 42.

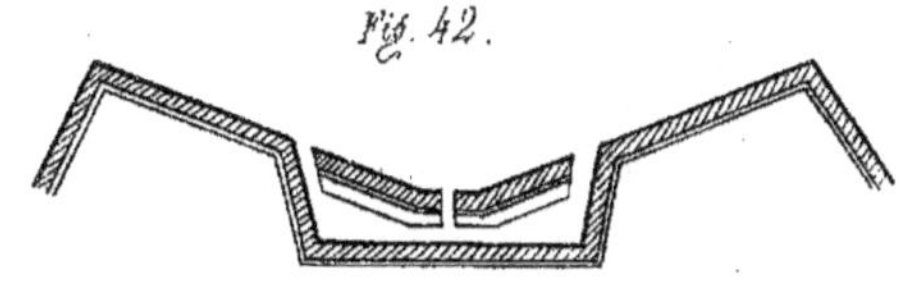

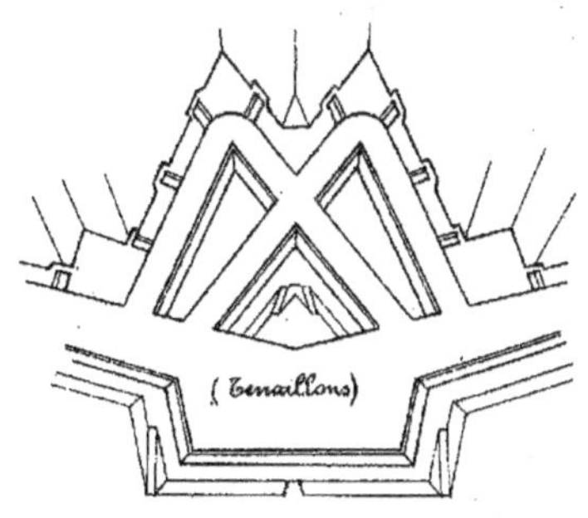

Fig. 43. Tenaillon.

Fig. 44. Ouvrage à cornes

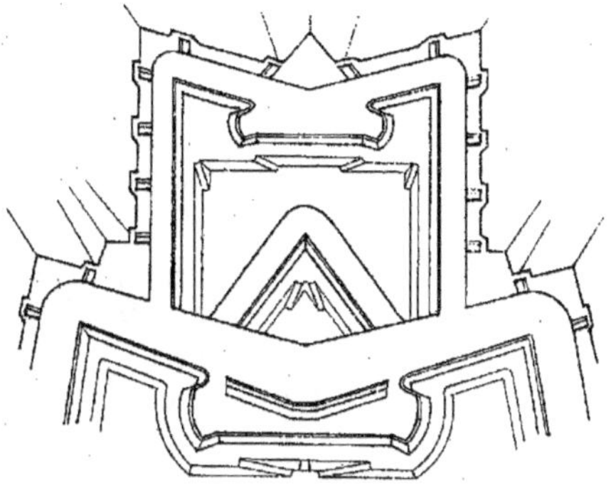

Fig. 45.
Queue d'hironde.

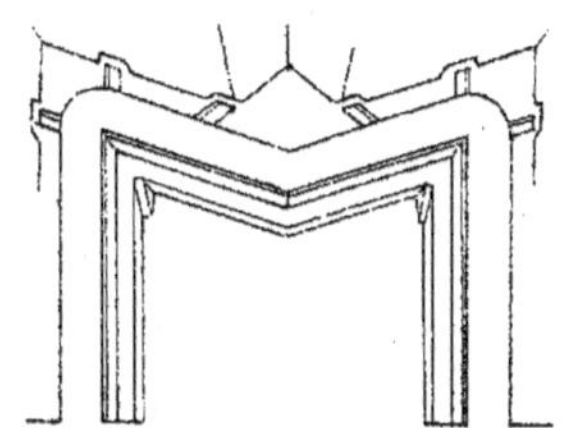

Fig. 46.
Bonnet de prêtre.

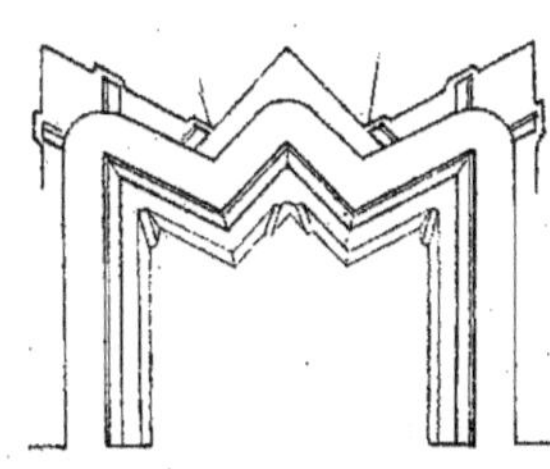

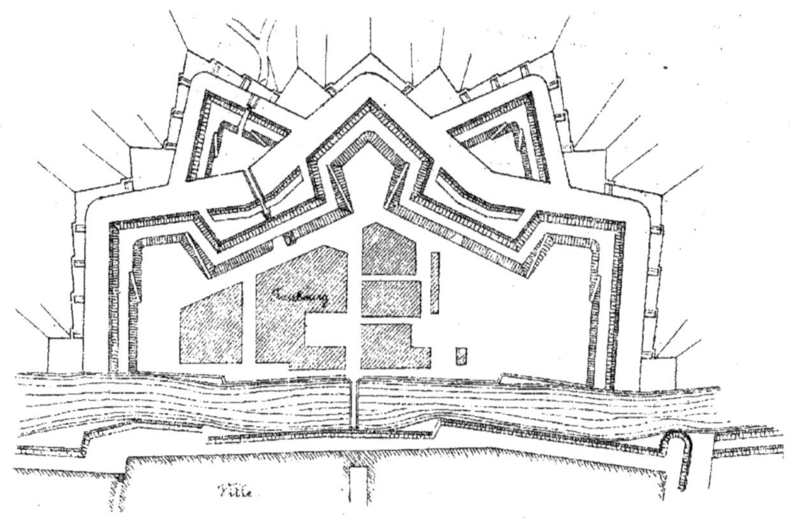

Fig. 47. Ouvrage à couronne.

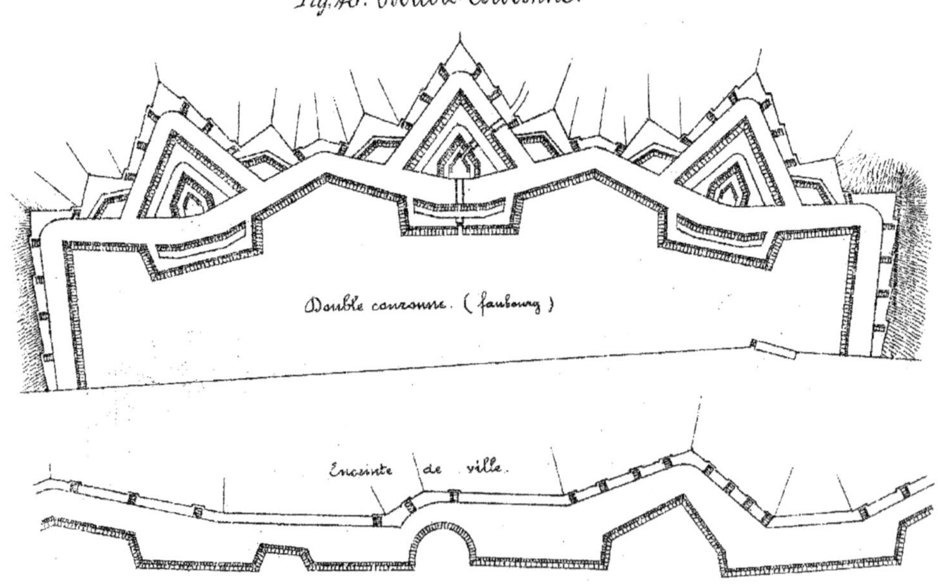

Fig. 48. Double-Couronne.

Fig. 71.   Front de Cormontaingne.

Profil suiv.t EFGH. (Éch. de $\frac{1}{666}$).

Profil suiv.t ABCD. ($\frac{1}{666}$)

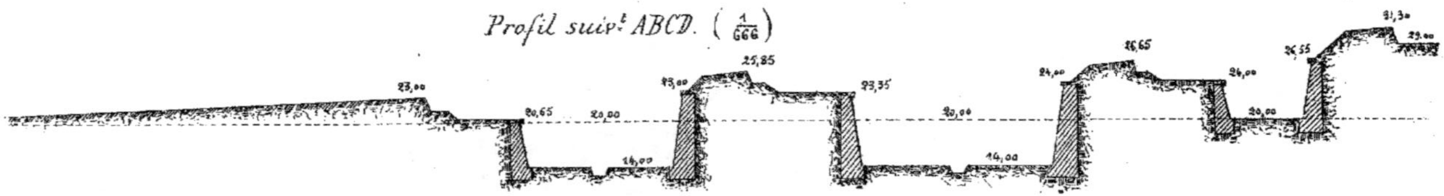

Plan (Éch. de $\frac{1}{2500}$)

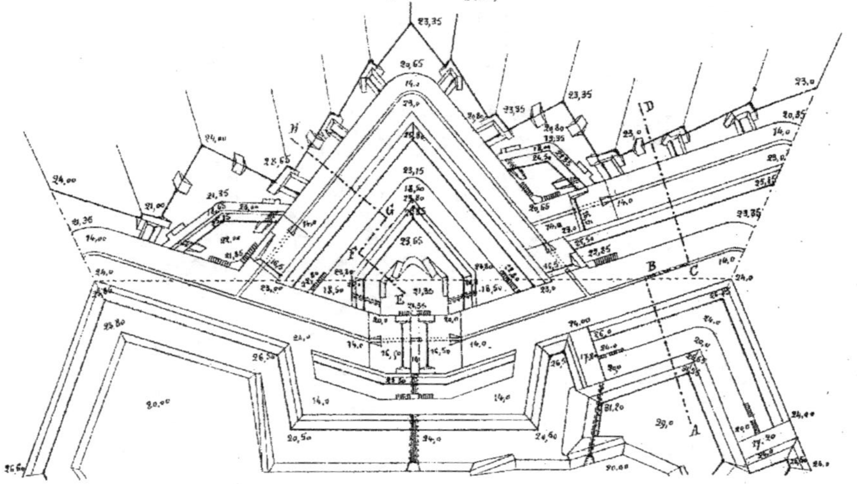

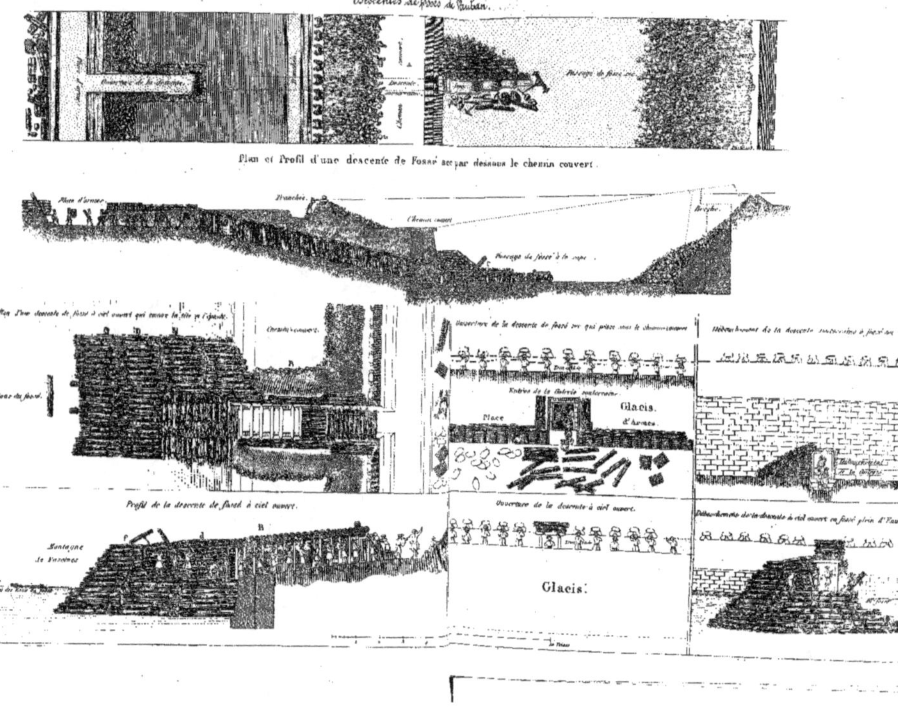

Fig. 68.
Descentes de fossés de Vauban.
Plan et Profil d'une descente de Fossé sec par dessous le chemin couvert.
Place d'armes.
Tranchée.
Chemin couvert.
Brèche.
Passage de fossé à la sape.
Plan d'une descente de Fossé à ciel ouvert qui couvre la tête de l'épaule.
Chemin couvert.
Sens du fossé.
Ouverture de la descente de fossé sec qui passe sous le chemin couvert.
Entrée de la galerie souterraine.
Place d'armes.
Glacis.
Débouchemens de la descente souterraine à fossé sec.
Profil de la descente de fossé à ciel ouvert.
Montagne de fascines.
Ouverture de la descente à ciel ouvert.
Glacis.
Débouchemens de la descente à ciel ouvert en fossé plein d'eau.

Fig. 72. Ouvrages avancés et avant-chemin couvert de Cormontaigne.

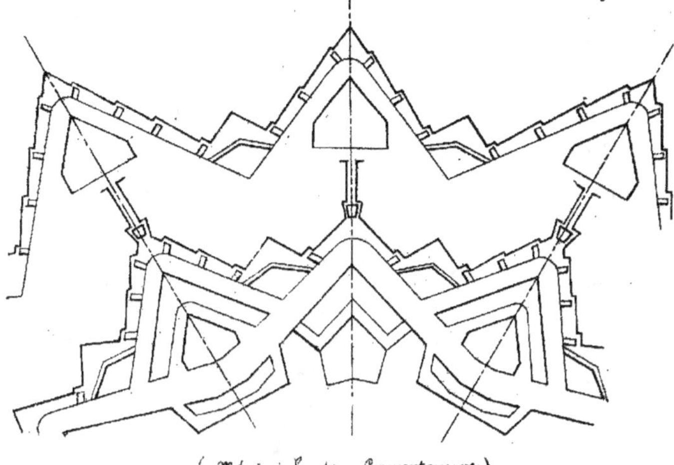

(Mémorial de Cormontaigne)

Fig. 74. Locaux souterrains sous les bastions pleins représentés dans les projets des Élèves de l'École de Mézières.

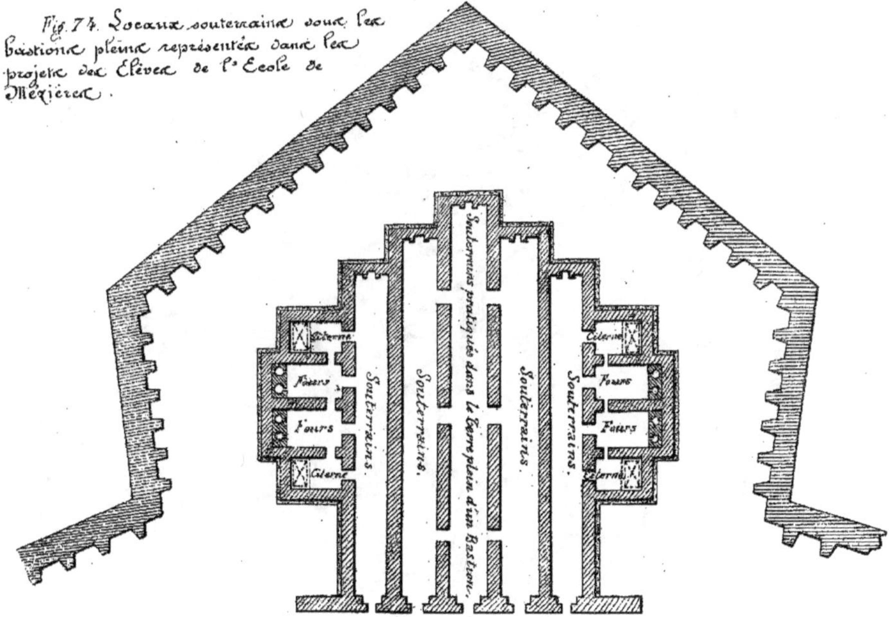

Citerne
Fours
Fours
Citerne
Citerne
Fours
Fours
Citerne
Souterrains.
Souterrains.
Souterrains pratiqués dans le terre-plein d'un Bastion.
Souterrains.
Souterrains.
Souterrains.
Élévation des Souterrains.

Fig. 75. Front de l'École de Mézières. (1769.)

(Extrémité droite de la tête de pont.)

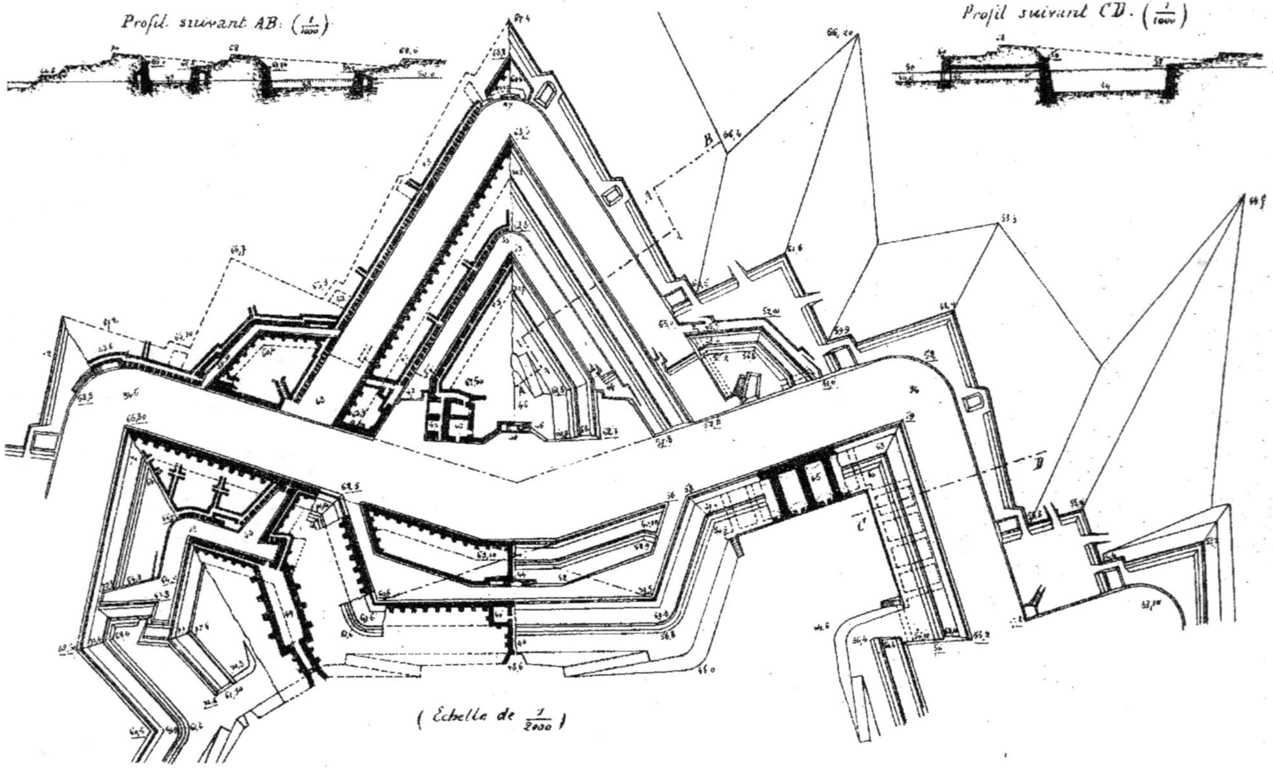

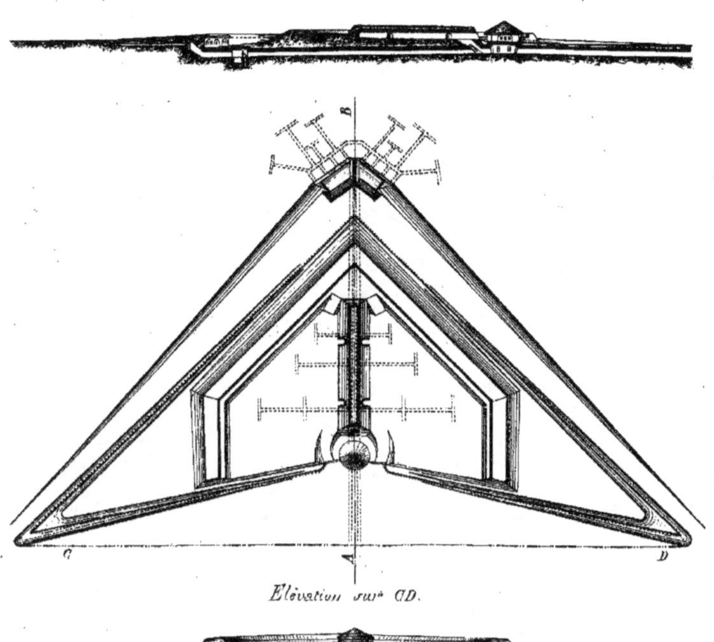

Fig. 75. Lunette à la d'Arçon.
Coupe suiv.ᵗ AB.

Élévation sur.ᵗ CD.

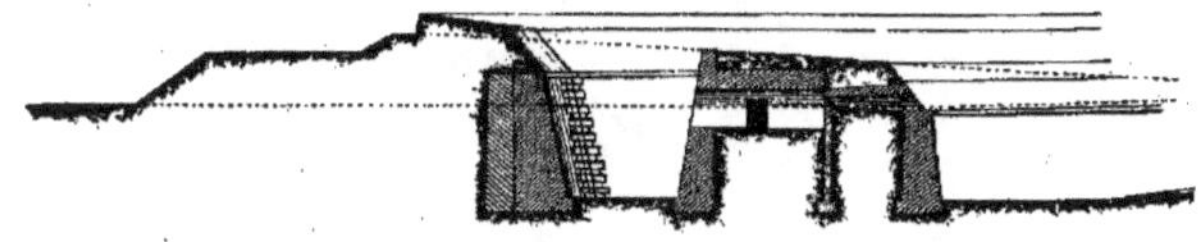

Fig. 77 Casemate avec Embrasure-tunnel du flanc
de la tenaille de de Bousmard

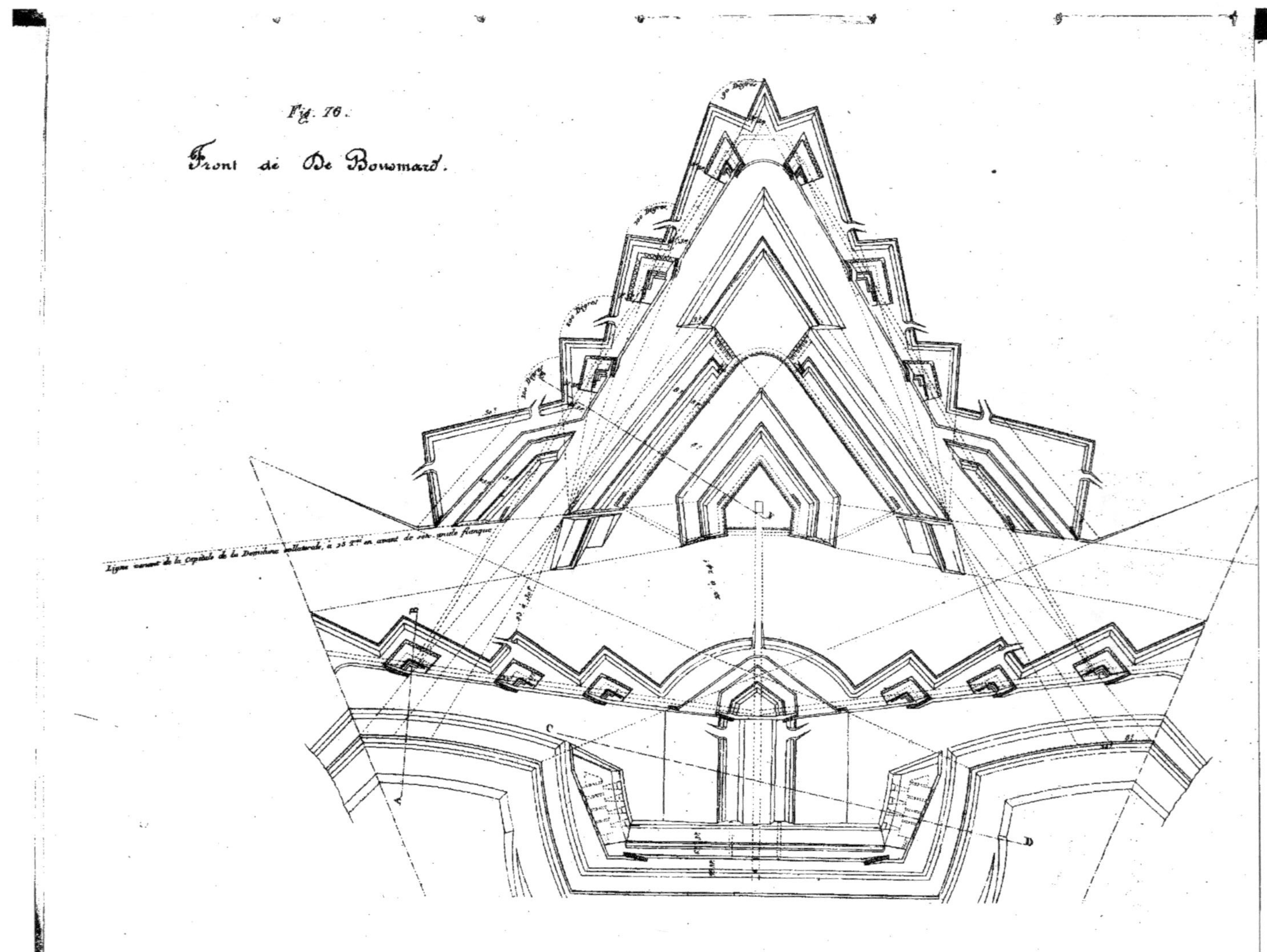

Fig. 76. Front de De Bousmard.

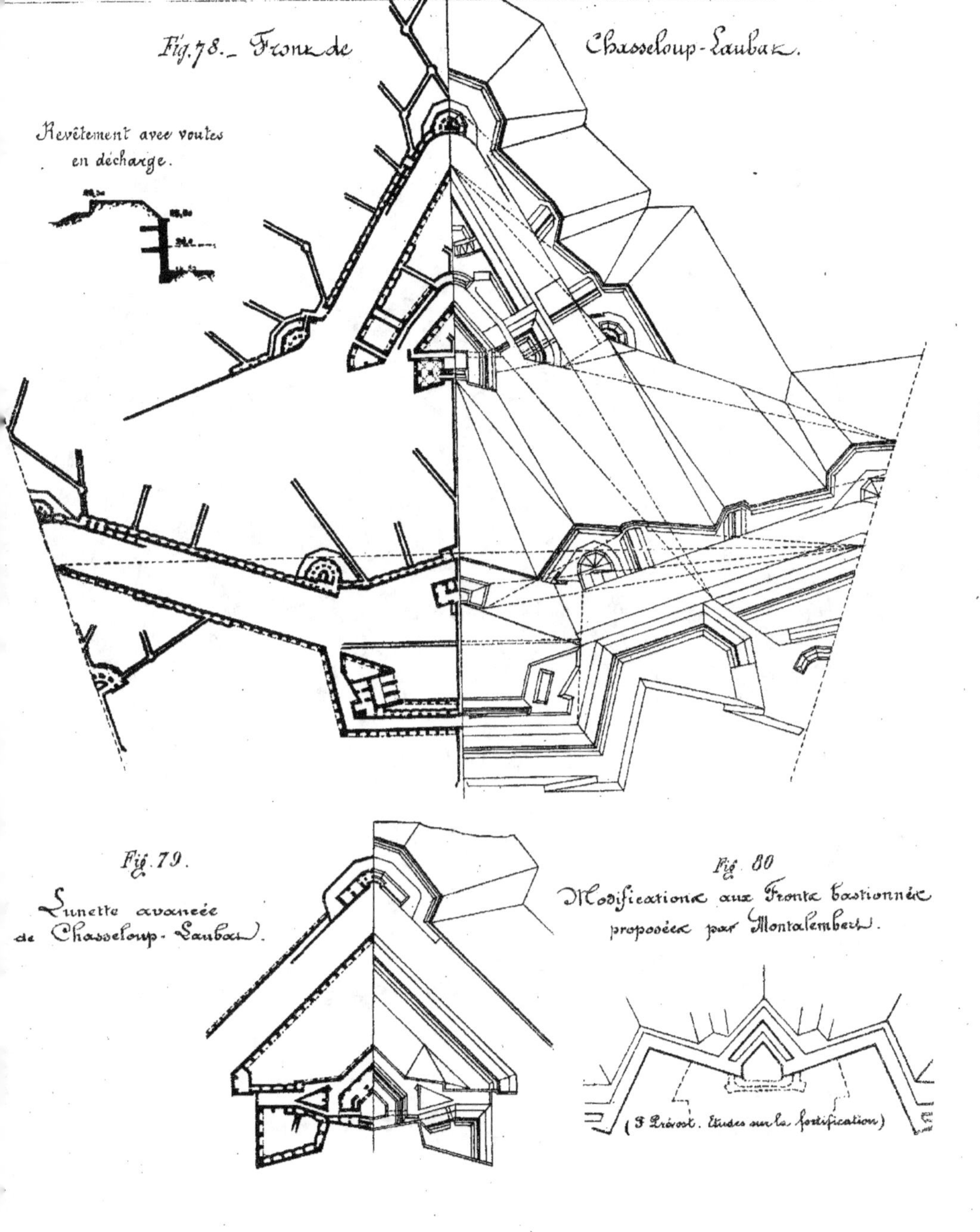

Fig. 78._ Front de Chasseloup-Laubat.
Revêtement avec voûtes en décharge.
Fig. 79.
Lunette avancée de Chasseloup-Laubat.
Fig. 80
Modifications aux Fronts bastionnés proposées par Montalembert.
(F. Prévost. Etudes sur la fortification)

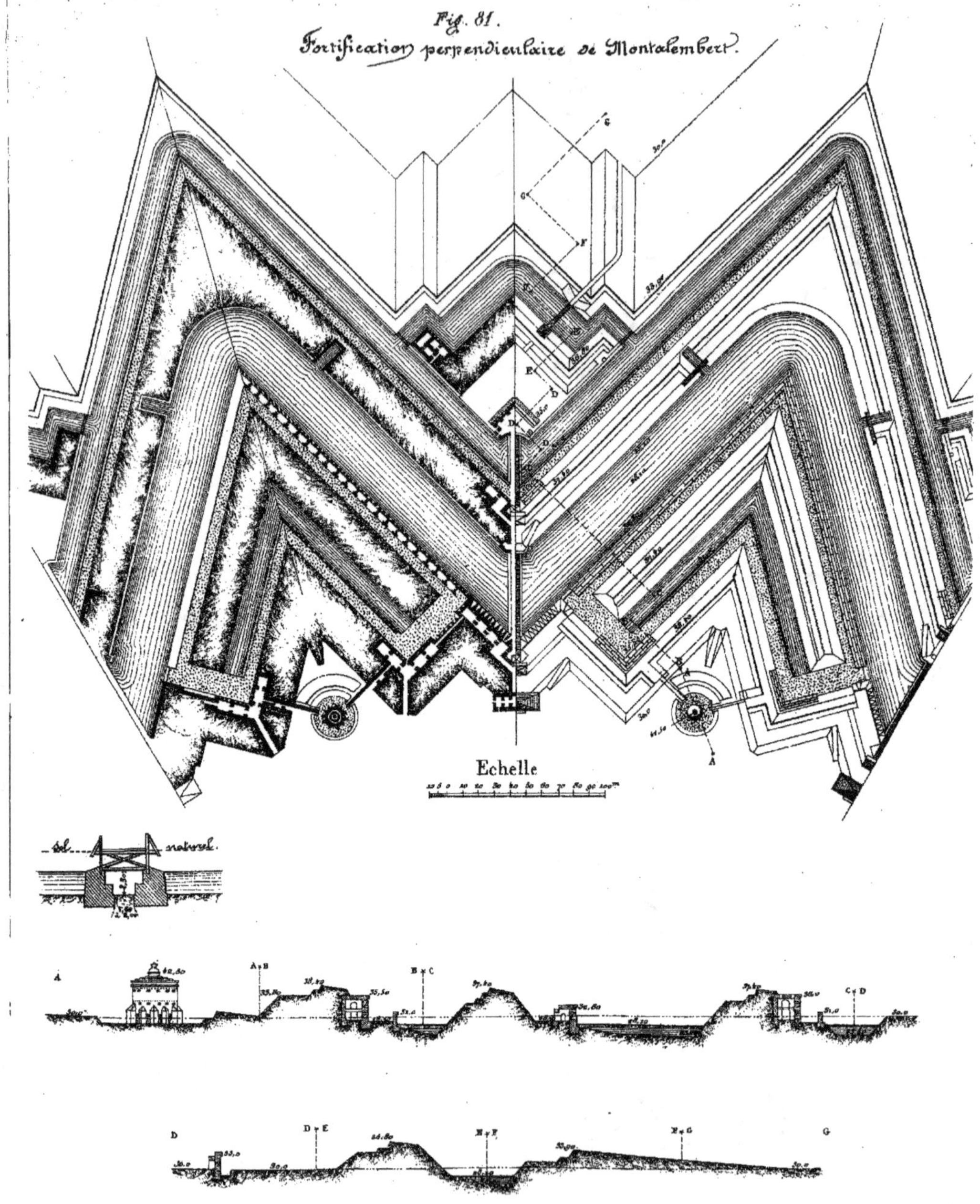

Fig. 81.

Fortification perpendiculaire de Montalembert.

Echelle

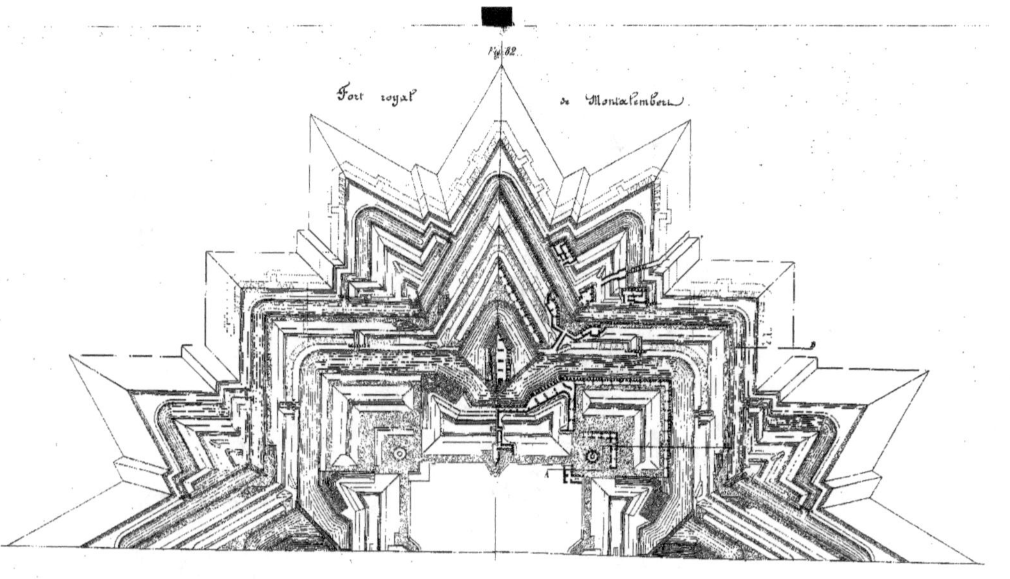

Fig. 82.
Fort royal de Montalembert.
Coupe suiv.t AB.
A
B

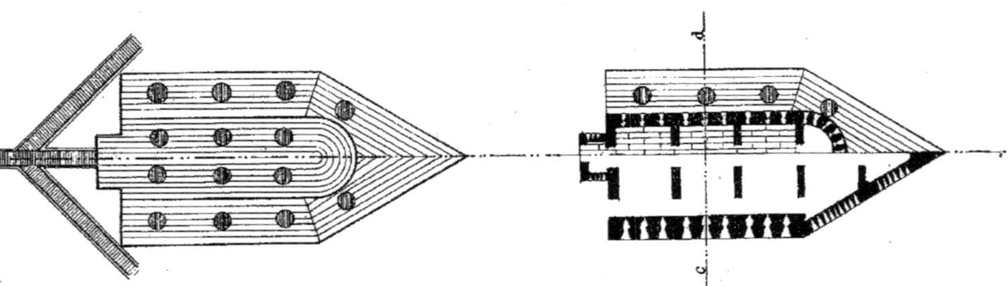

Fig. 83.
Caponnière du fort royal de Montalembert.
pour le flanquement du fossé.
Coupe suiv.t c d.
Echelle de 1/500.
Elévation
b terrain naturel
Plan.
Echelle de 1/1000.
Coupe suiv.t ab.

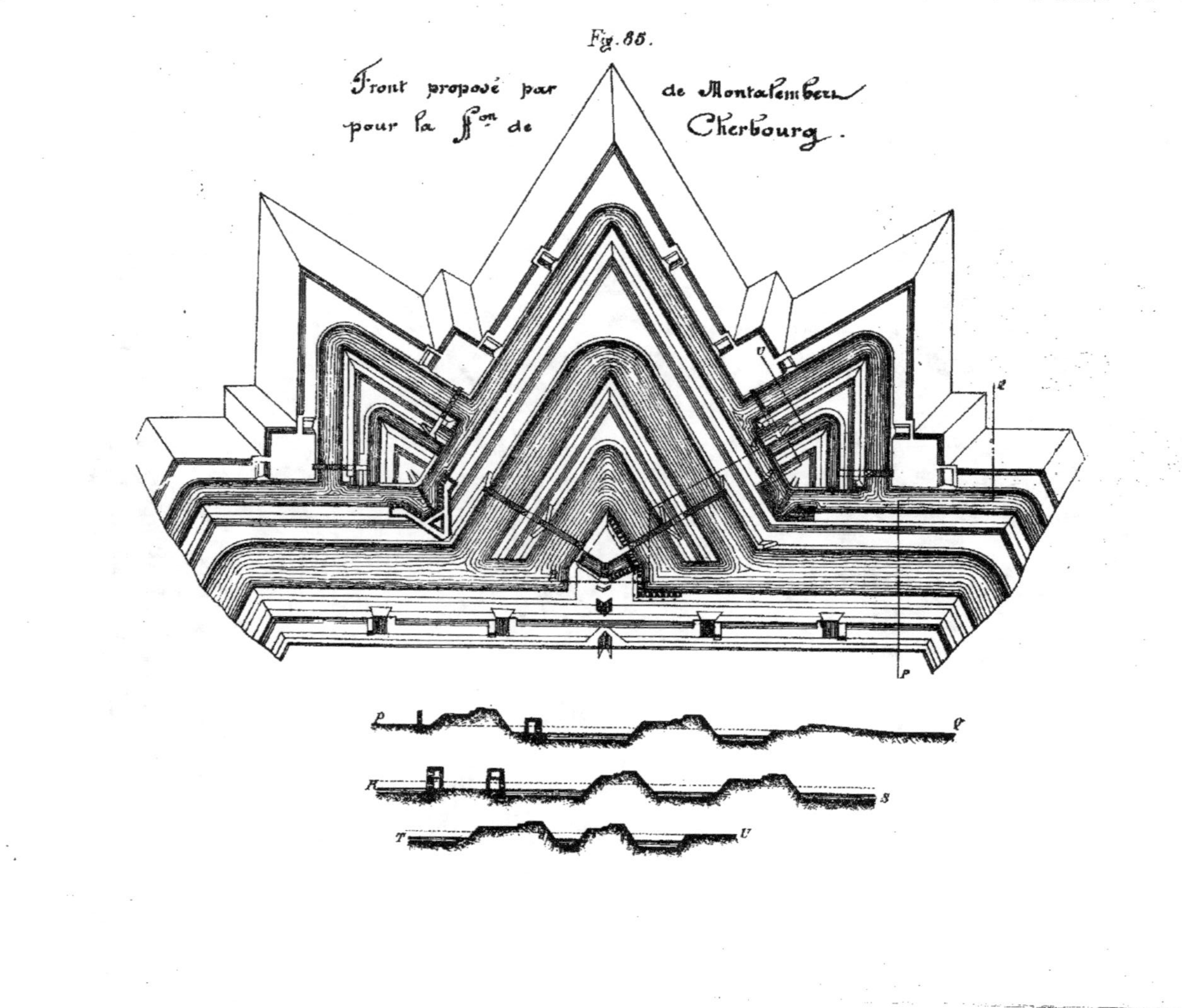

Fig. 85.
Front proposé par
de Montalembert
pour la ff.on de
Cherbourg.

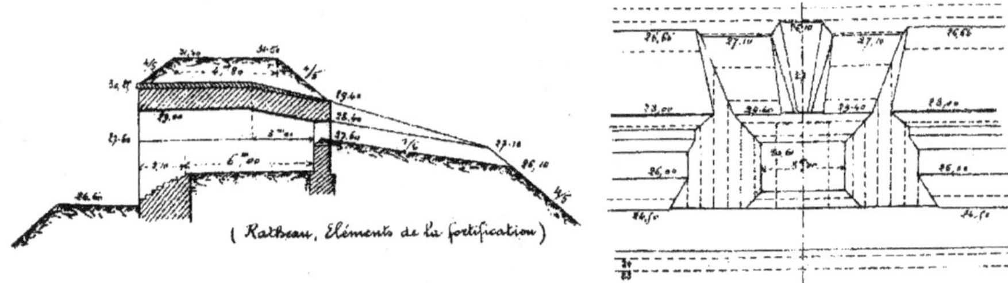

Fig. 89. Casemate Haxo.

Coupe longitudinale

Plan.

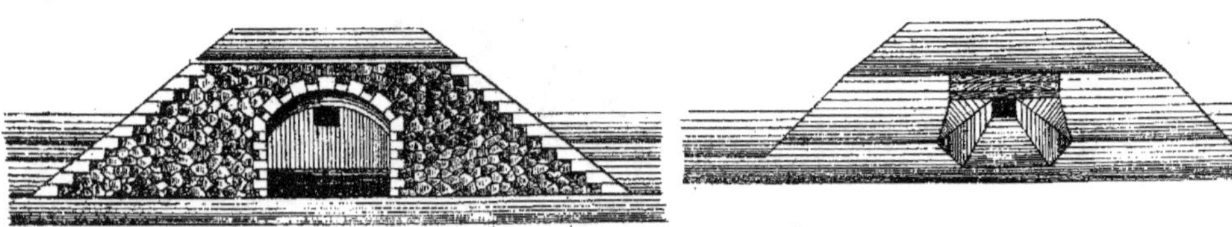

Vue arriére.

Vue avant

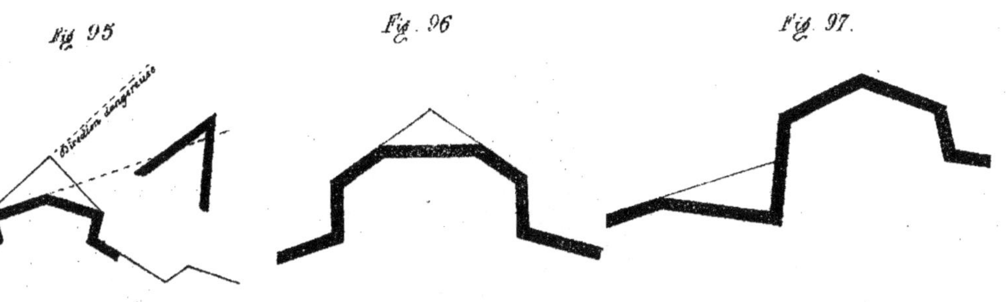

Fig. 98.
Retranchement intérieur proposé par Choumara.

Fig. 99 — Profil courant de l'enceinte de Paris.

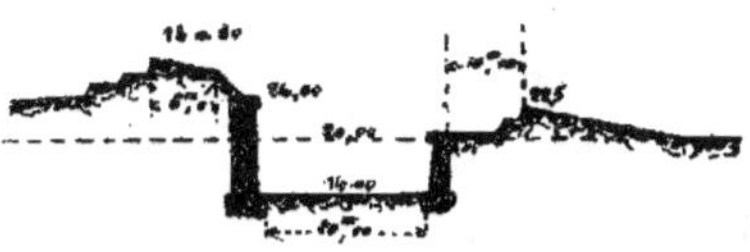

Fig 100 bis
Profil
des forts de Paris.

Fig. 100. _ Fort de Paris, antérieur à 1870.

Le passage voûté figuré dans la cour du fort au débouché du passage d'entrée et les magasins voûtés formant un T avec le dit passage sont à supprimer de ce dessin, car ils n'ont été construits qu'après 1870.

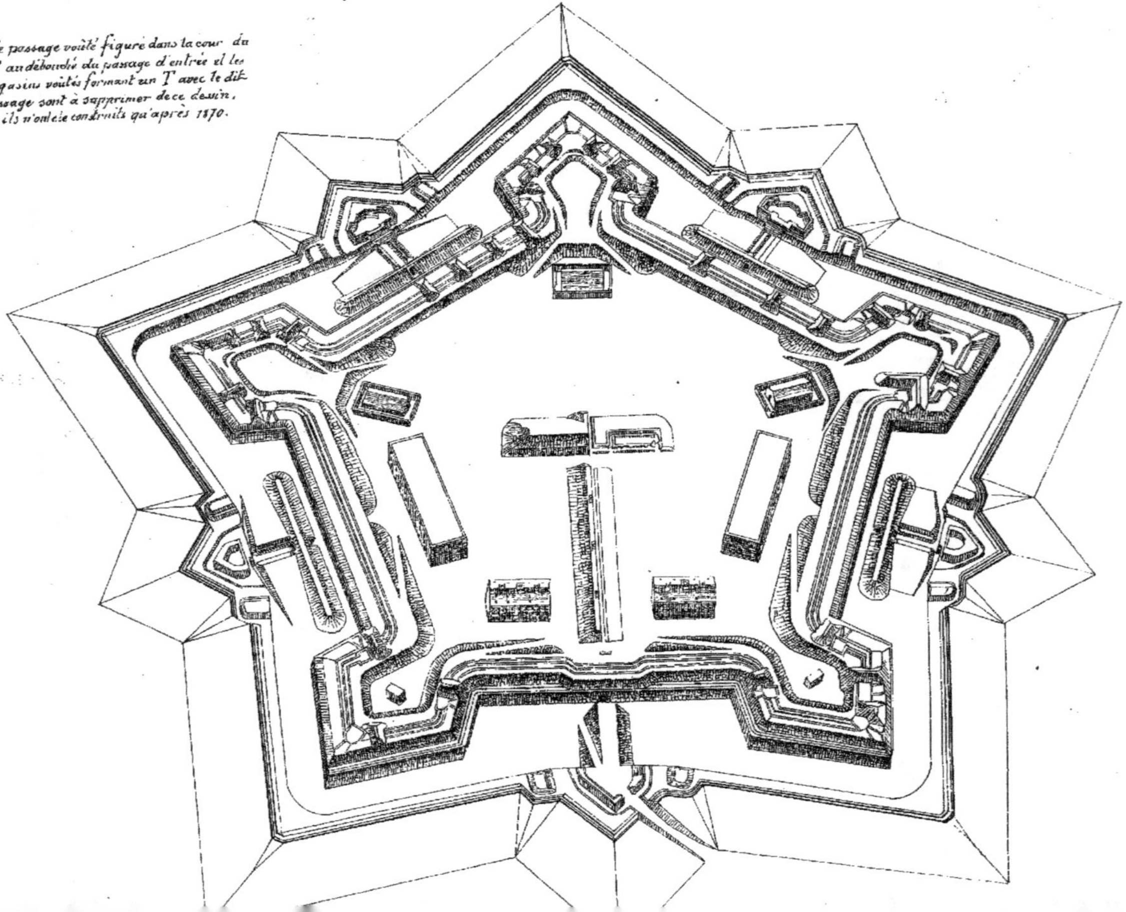

Fig 86   Front bastionné proposé par Carnot
ÉLÉVATION DU MUR CRÉNELÉ
Coupe CD.

Coupe AB.

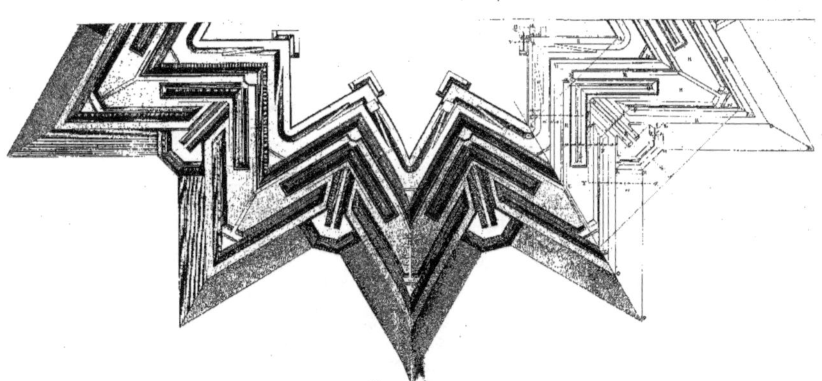

Fig. 87. Front tenaillé proposé par Carnot

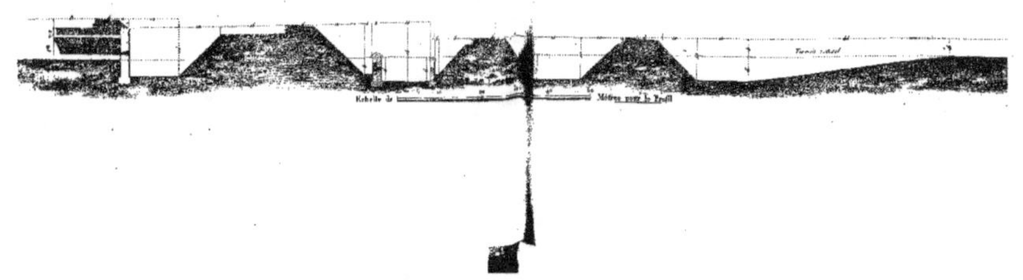

PROFIL PRIS SUR LA LIGNE V X Y Z.
Échelle de
Mètres pour le Profil

Fig. 88.
Front du Général Haxo

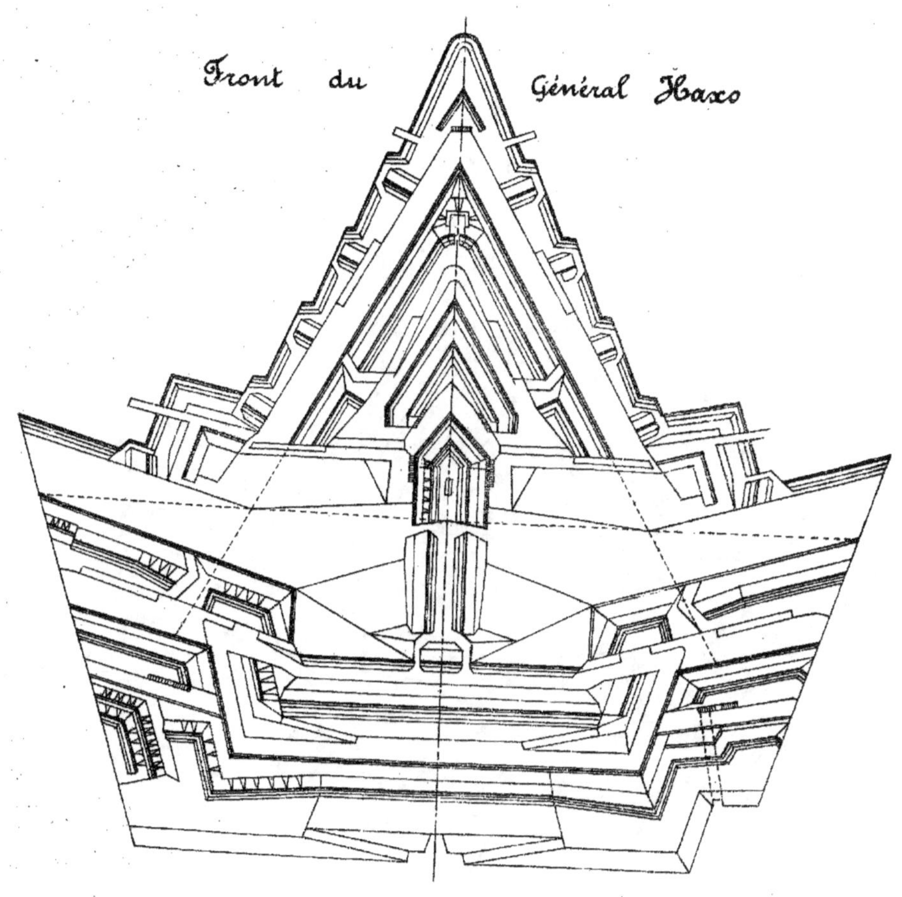

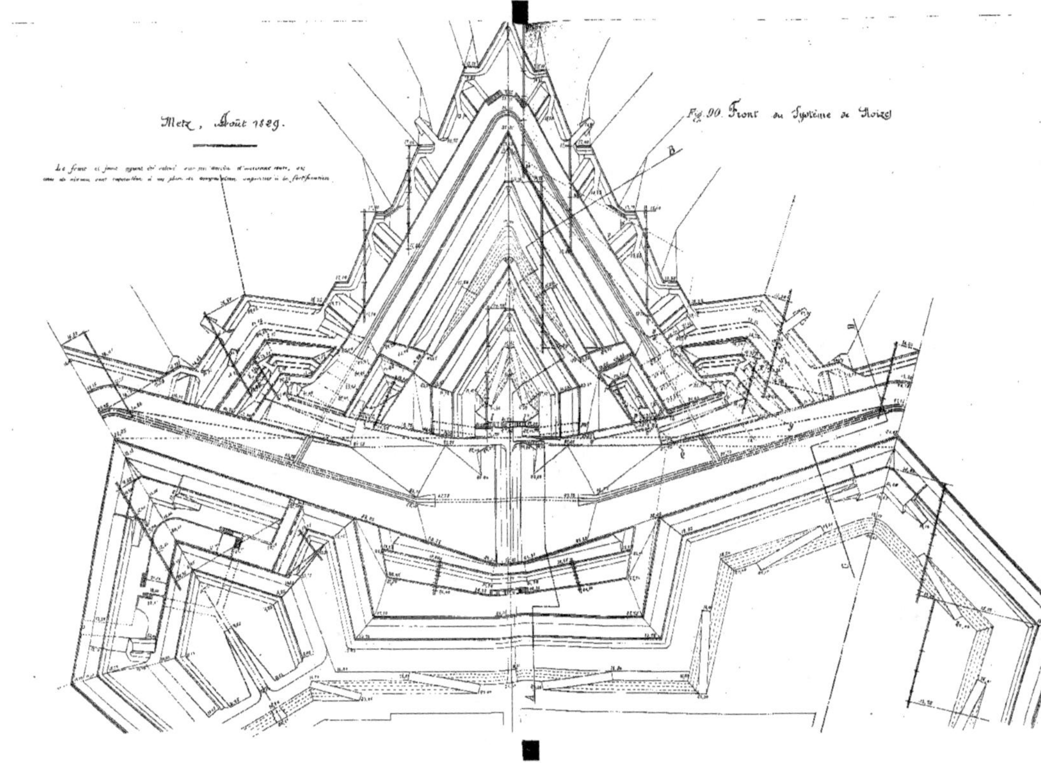

Metz, Août 1829.
Fig. 90. Front ou Système de Noizet
B

Fig. 90 bis   Coupe sur AB

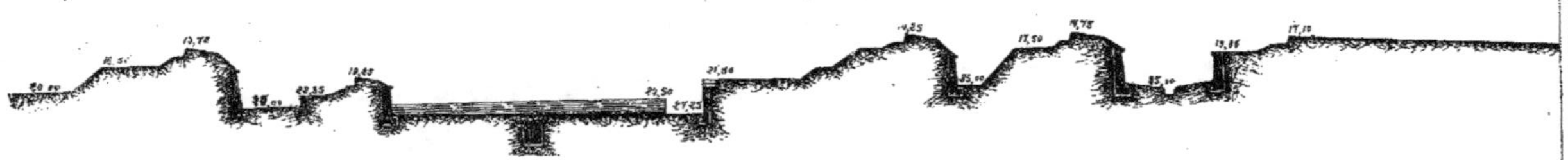

Coupe sur CD.

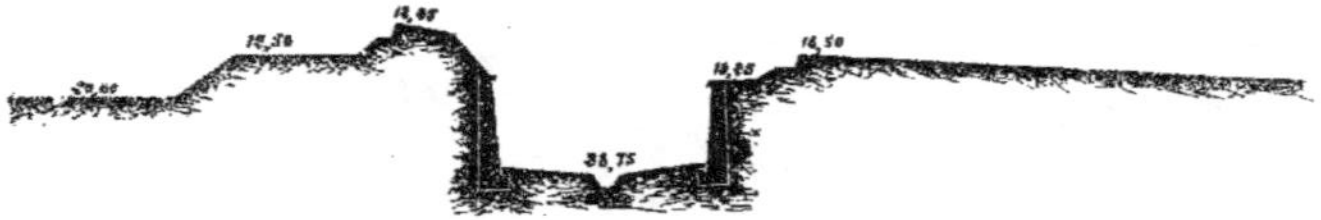

Fig. 91
Retranchements intérieurs
appuyés aux faces des bastions

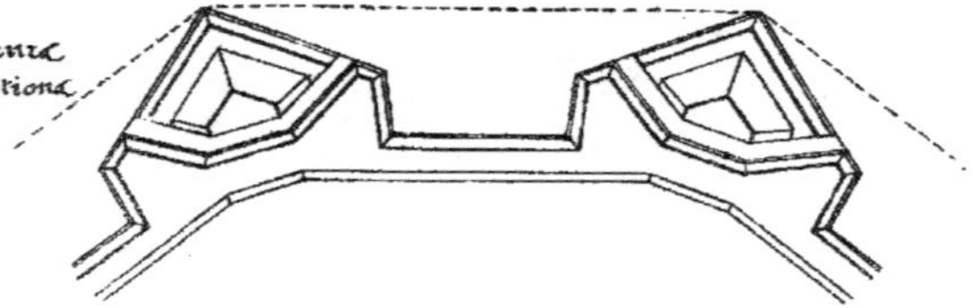

Fig. 92
Retranchements intérieurs
appuyés aux flancs des bastions

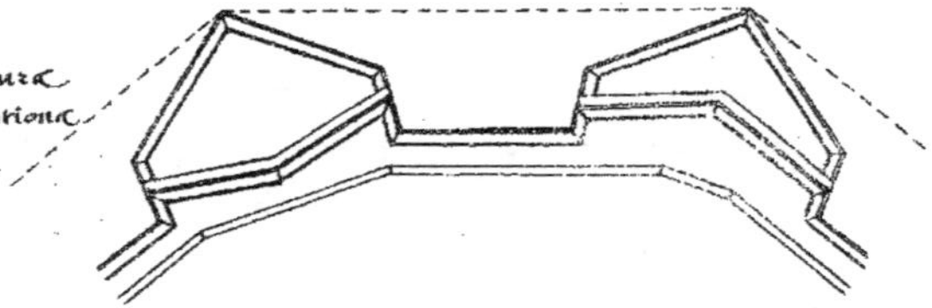

Fig. 93
Retranchements intérieurs
appuyés aux angles de flanc
des bastions.

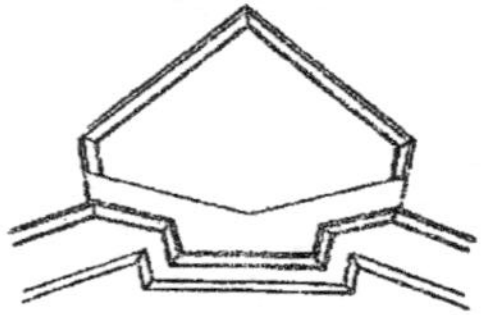

Fig. 94
Retranchements intérieurs
appuyés à deux courtines.

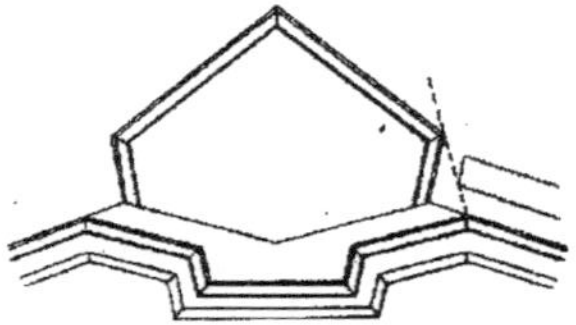

Fig. 102.

Place de Cologne.

Esquisse d'un front de la tête de pont de Deutz.

Plan d'ensemble. (1/2000)

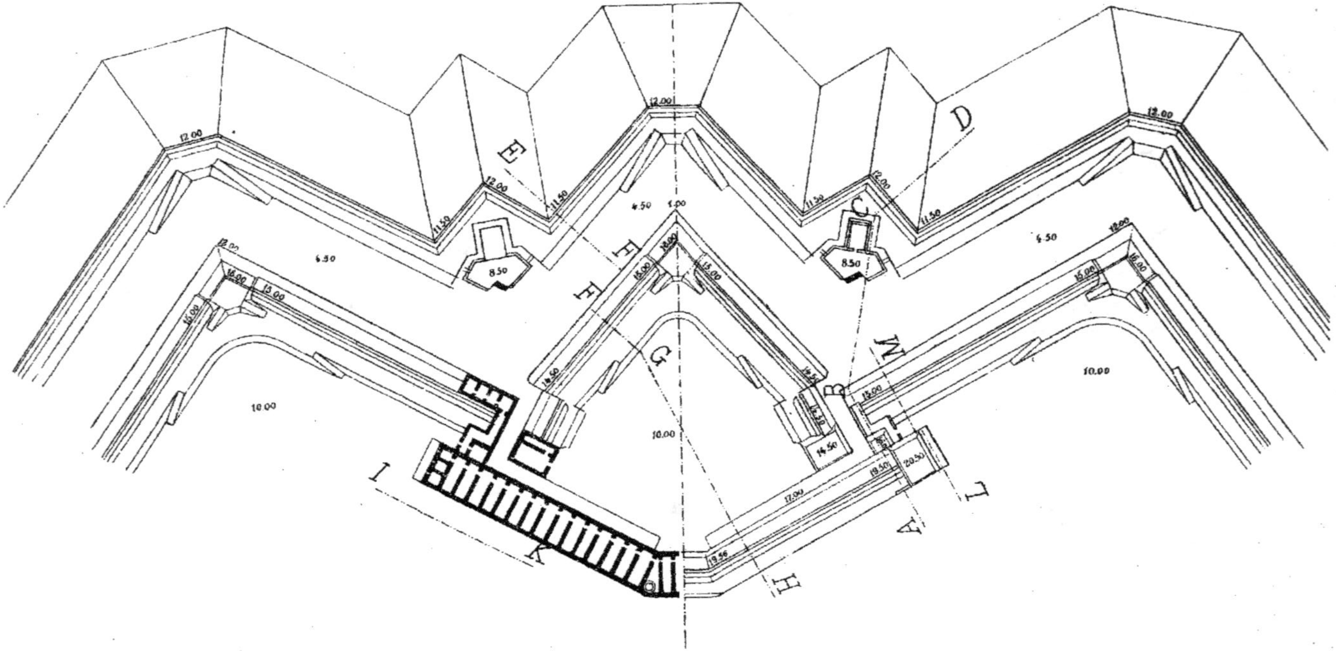

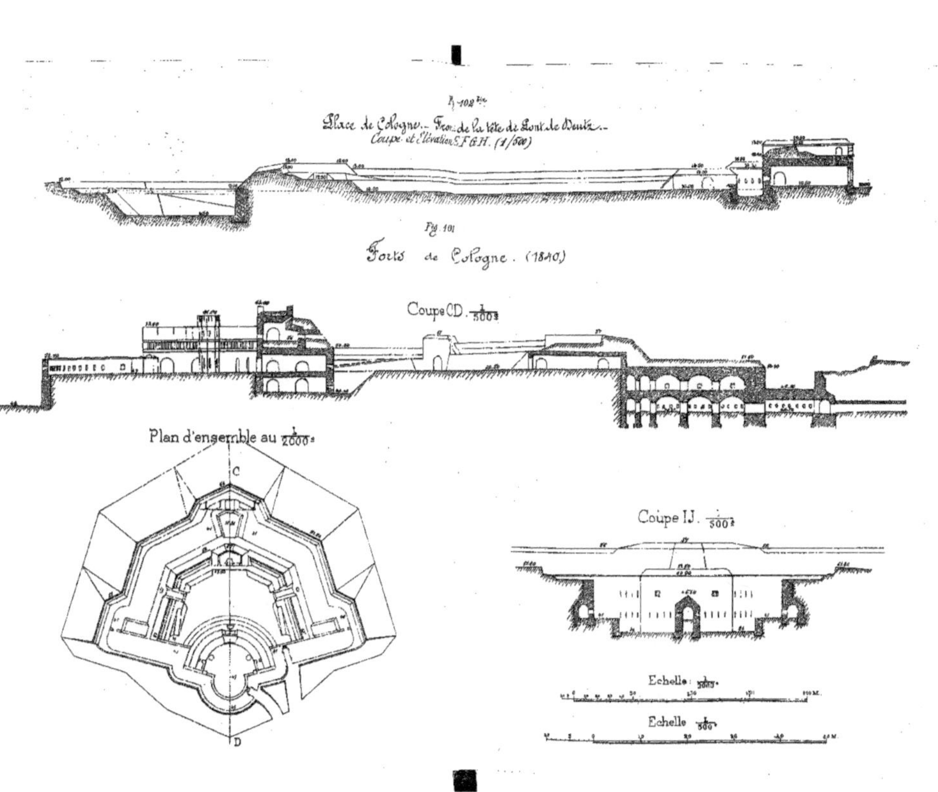
Place de Cologne.- Front de la tête de Pont de Deutz.-
Coupe et Elévation EFGH. (1/500)
Fig. 101
Forts de Cologne. (1840)
Coupe CD. 1/500
Plan d'ensemble au 1/2000
C
D
Coupe IJ. 1/500
Echelle 1/2000
Echelle 1/500

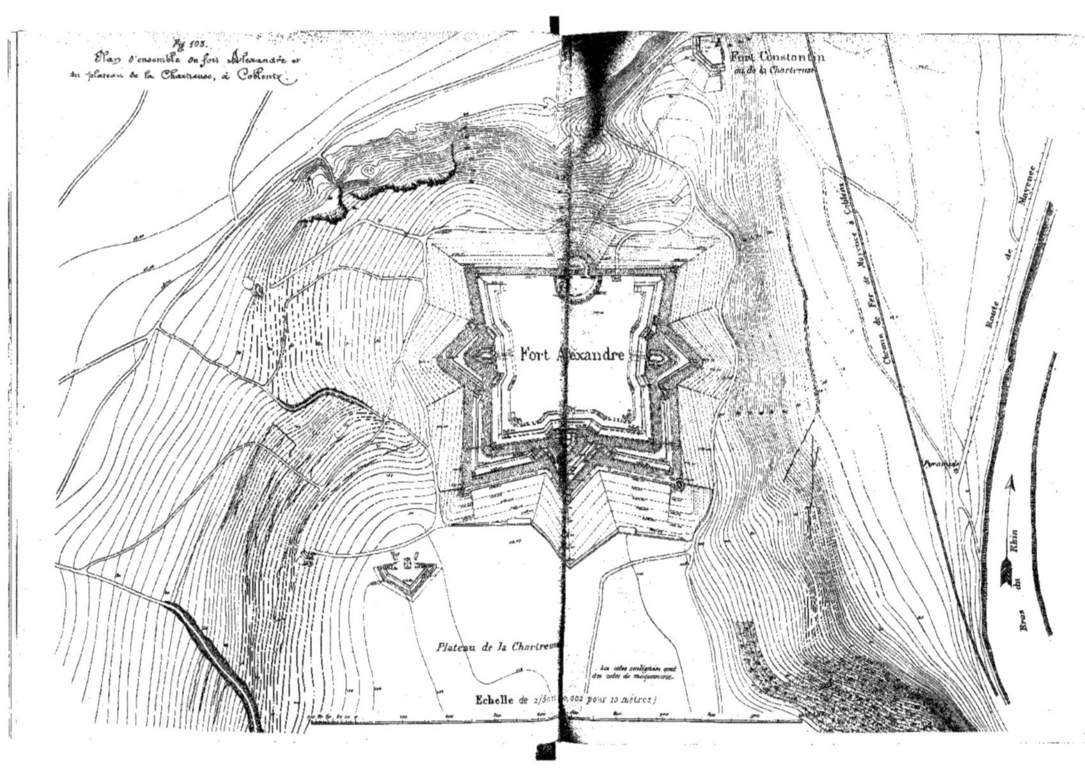

Fig. 103.
Plan d'ensemble du fort Alexandre et
du plateau de la Chartreuse, à Coblentz.
Fort Constantin
ou de la Chartreuse
Fort Alexandre
Chemin de Fer de Mayence à Coblentz
Route de Mayence
Pyramide
Bras du Rhin
Plateau de la Chartreuse
Les cotes consignées sont
des cotes de maçonnerie.
Echelle de 1/5000 (0,002 pour 10 mètres)

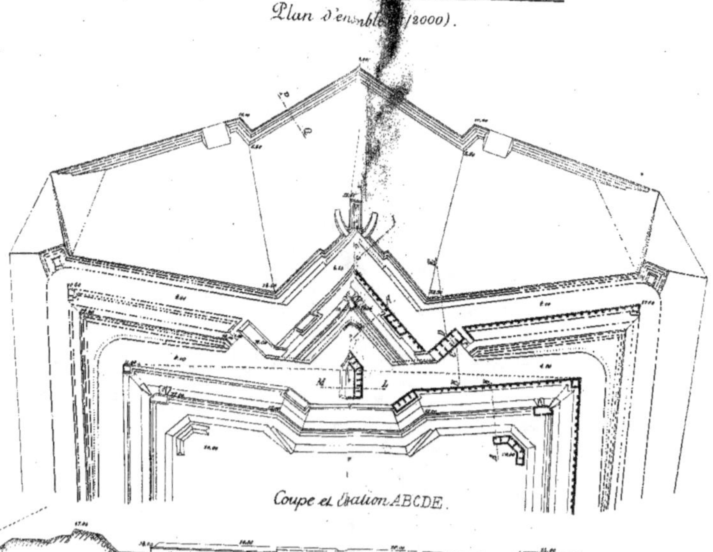

Place de Coblenz — Front de gorge du fort Alexandre.
Plan d'ensemble (2000).
Coupe et Élévation ABCDE.

Fig. 105.

Place de Germersheim

Esquisse d'un des fronts d'attaque sur le plateau.

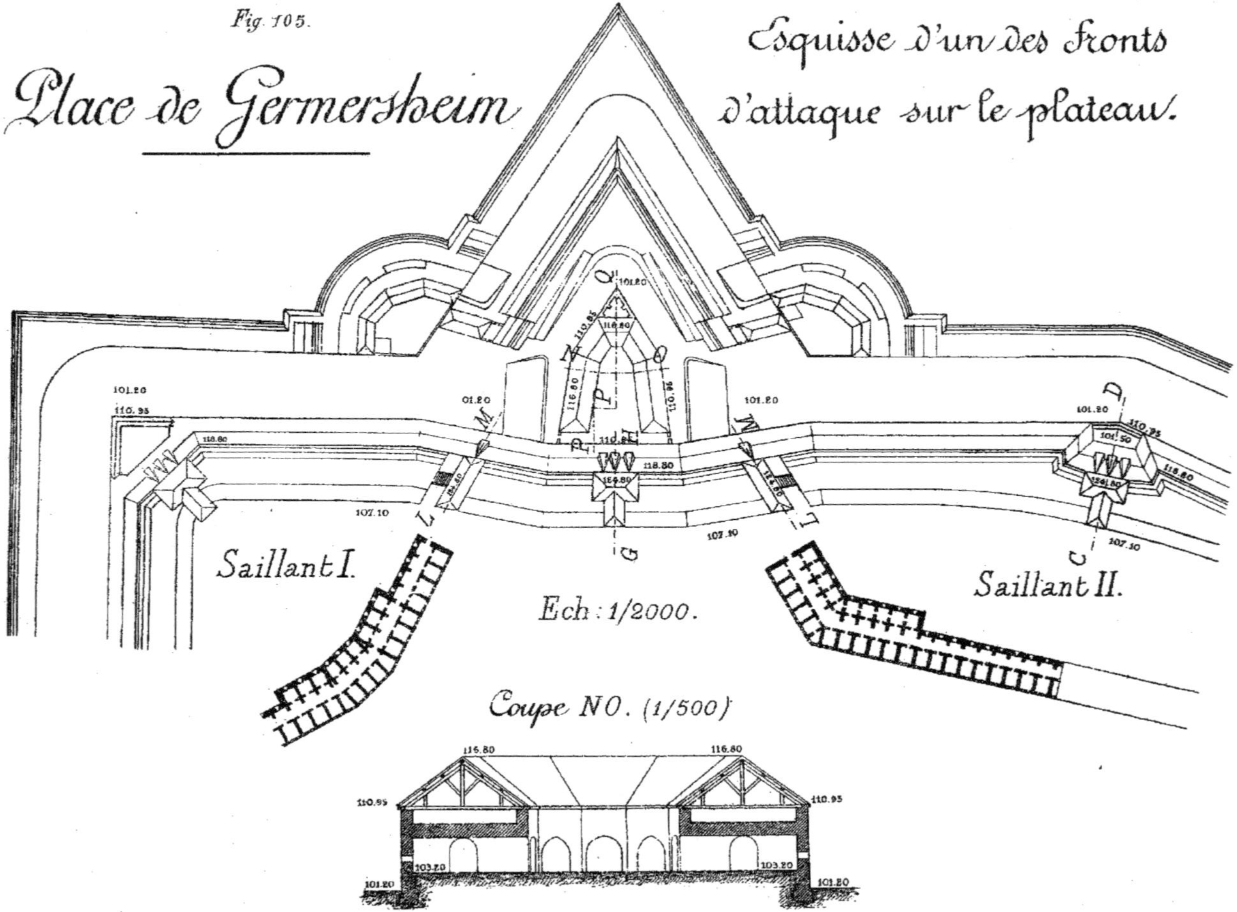

Place de Germersheim.

Coupe PQ. (1/500)

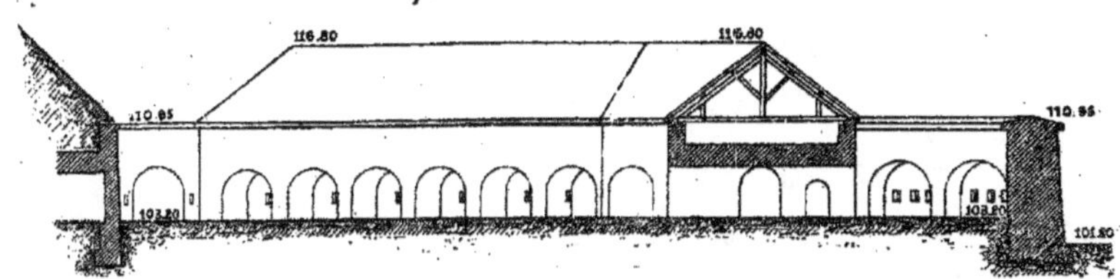

Plan AB. (1/500)

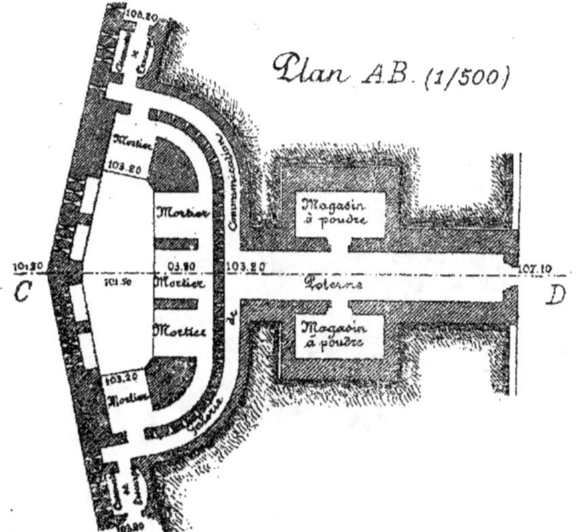

Coupe CD (1/500)

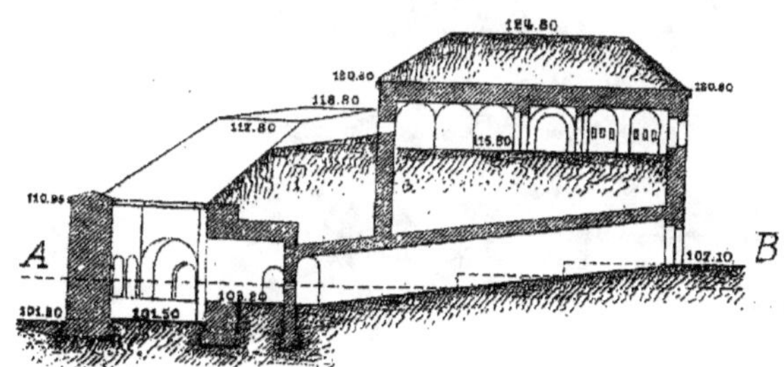

Place de Germersheim.

Coupure et batterie casematée des flancs.

Plan supérieur. (1/500)

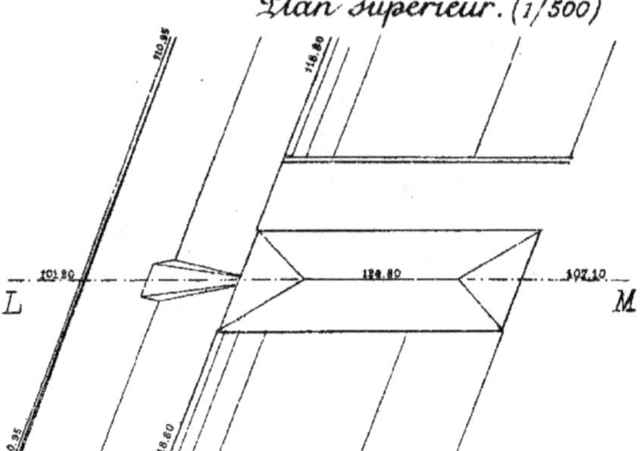

Coupe LM. (1/500)

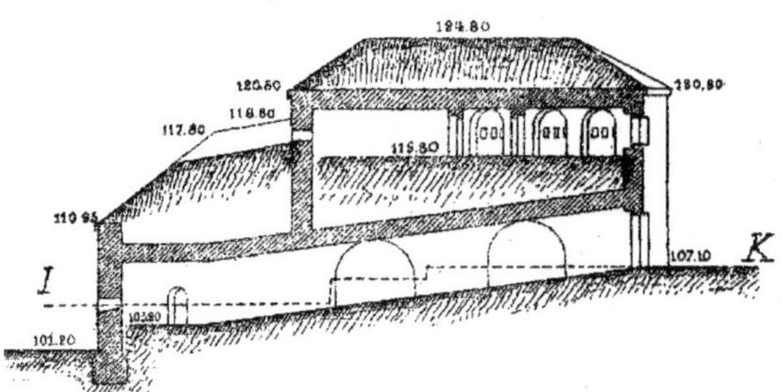

Plan IK. (1/500)

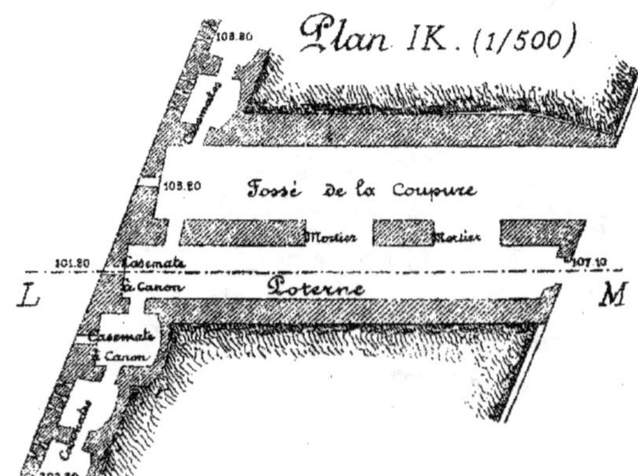

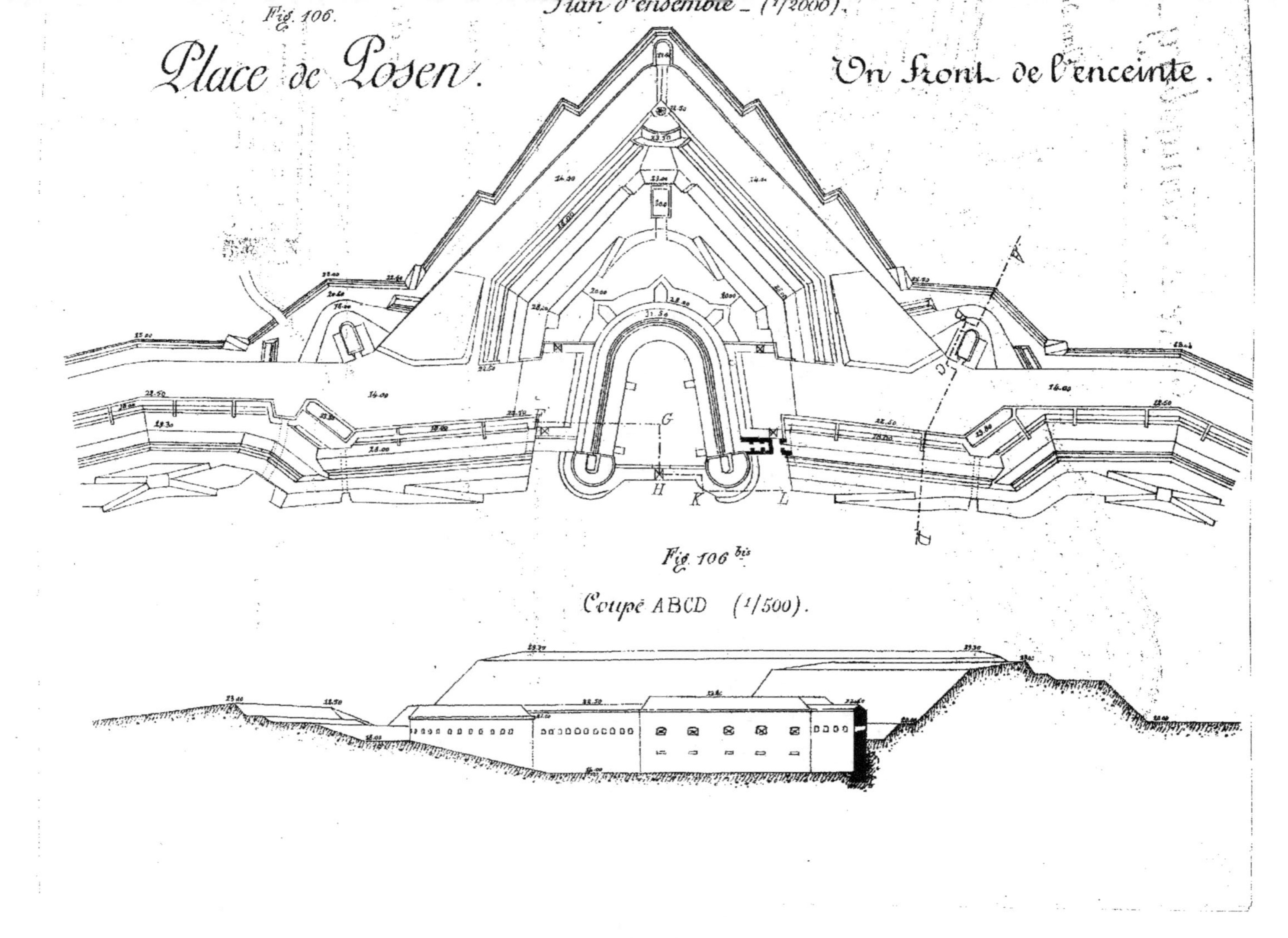

Fig. 106.
Place de Posen.
Plan d'ensemble — (1/2000).
Un front de l'enceinte.
A
C
D
G
H
K
L
Fig. 106 bis
Coupé ABCD (1/500).

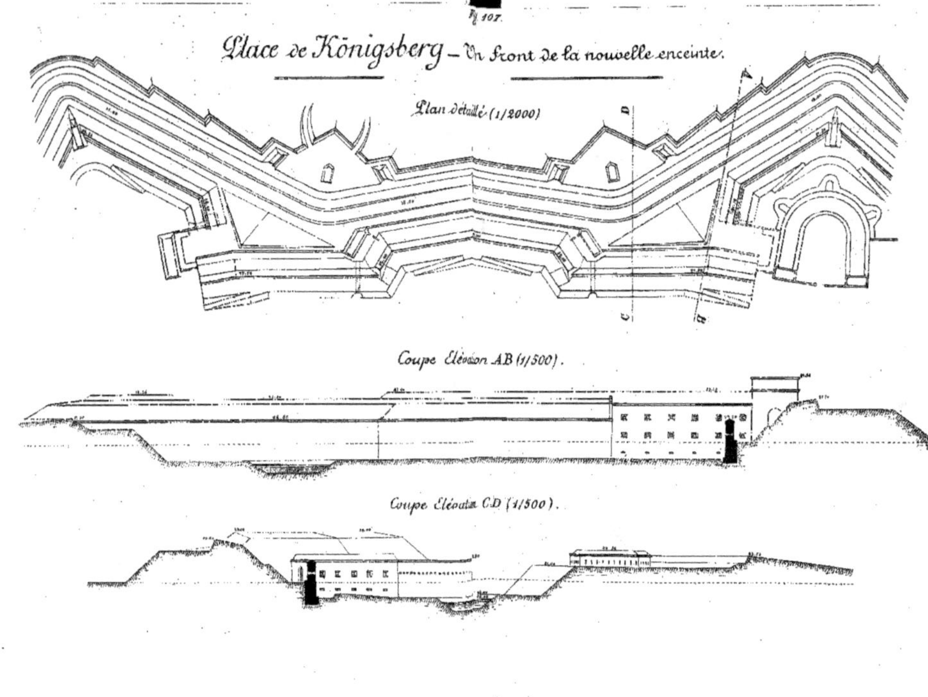

Fig. 107.
Place de Königsberg — Un front de la nouvelle enceinte.
Plan détaillé (1/2000)
Coupe Élévation AB (1/500).
Coupe Élévation CD (1/500).

Fig. 108

Plan d'ensemble de la place de Rastadt

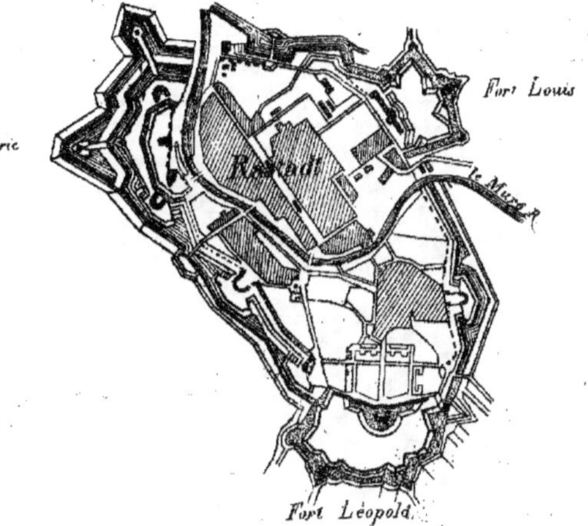

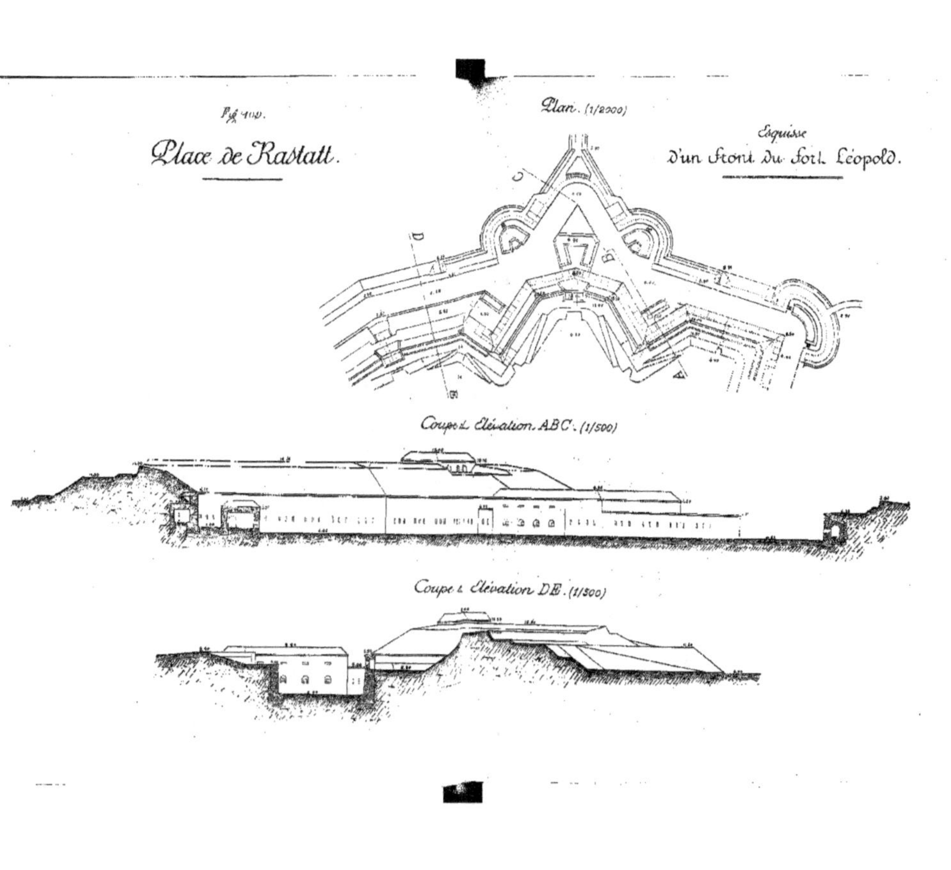

Fig. 402.
Place de Rastatt.
Plan. (1/2000)
Esquisse
D'un front du fort Léopold.
Coupe & Élévation ABC. (1/500)
Coupe & Élévation DE. (1/500)

Place d'Ulm

Esquisse d'un front de la nouvelle enceinte de Neu-Ulm.

Plan (1/2000)

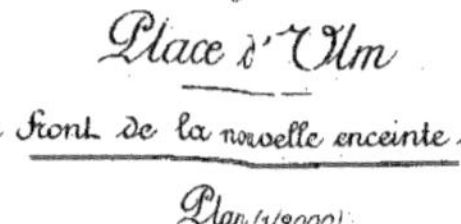

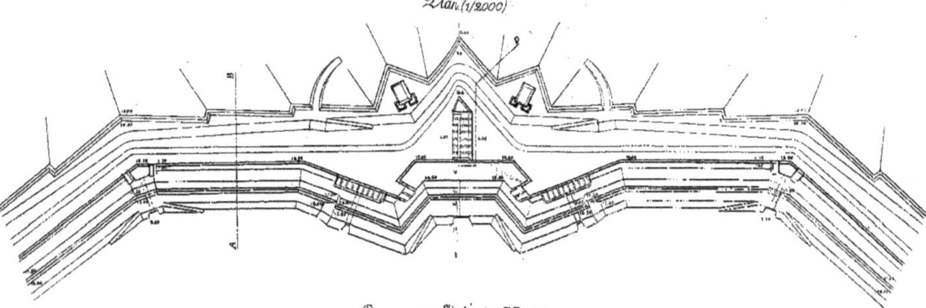

Coupe et Élévation CD. (1/500)

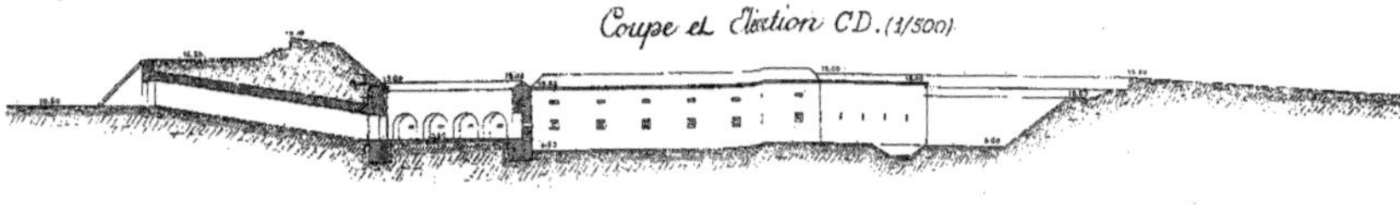

Coupe et Élévation AB. (1/500)

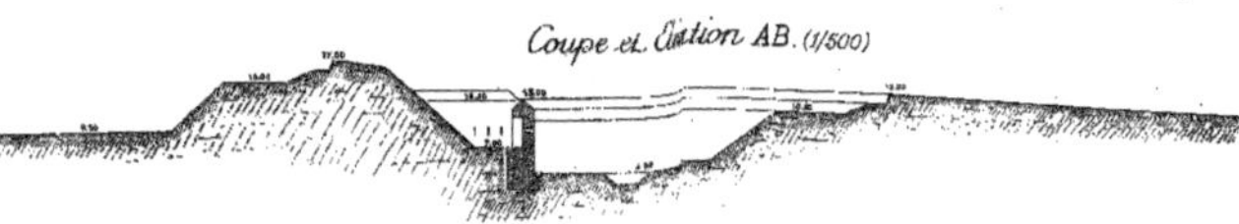

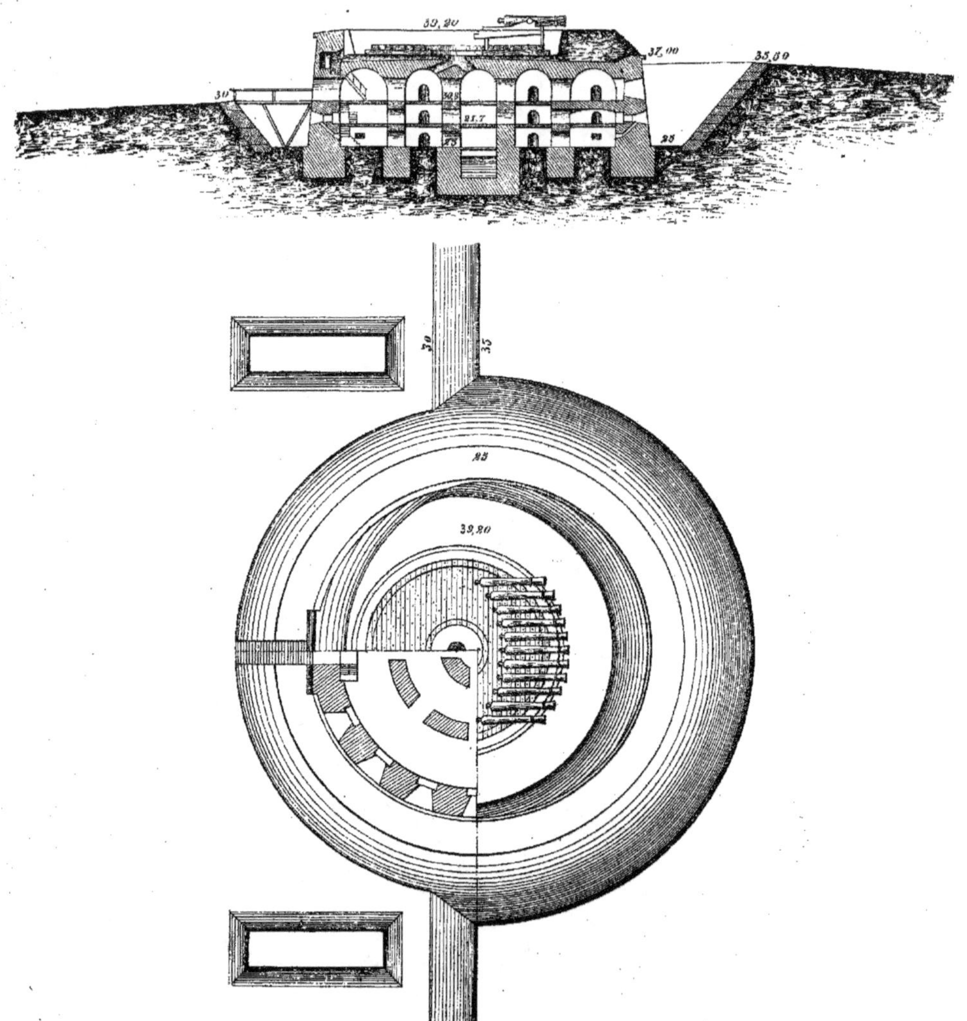

Fig. 111.
Tour maximilienne.
1/500.

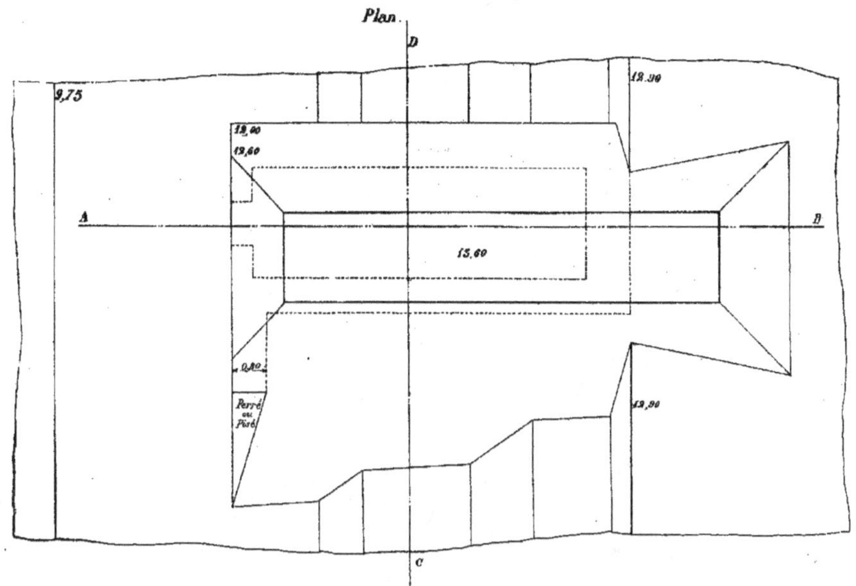

Fig. 112.
Abri sous Traverse. (1860-1870.)
Plan.
D
9,75
12,90
12,00
12,60
A
B
13,60
0,80
Perré
ou
Pisé
12,90
C
Coupe suivt CD.

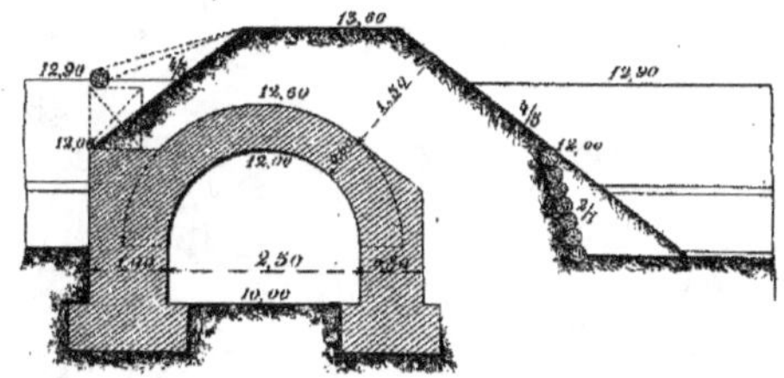

13,60
12,90
12,60
4,50
12,90
12,00
12,00
2/3
2,00
2,50
10,00

Coupe suivt AB.
13,60
2,00
12,60
12,90
4/5
11,80
12,00
13,00
4,00
8,00
4,00
9,75
10,00
10,00

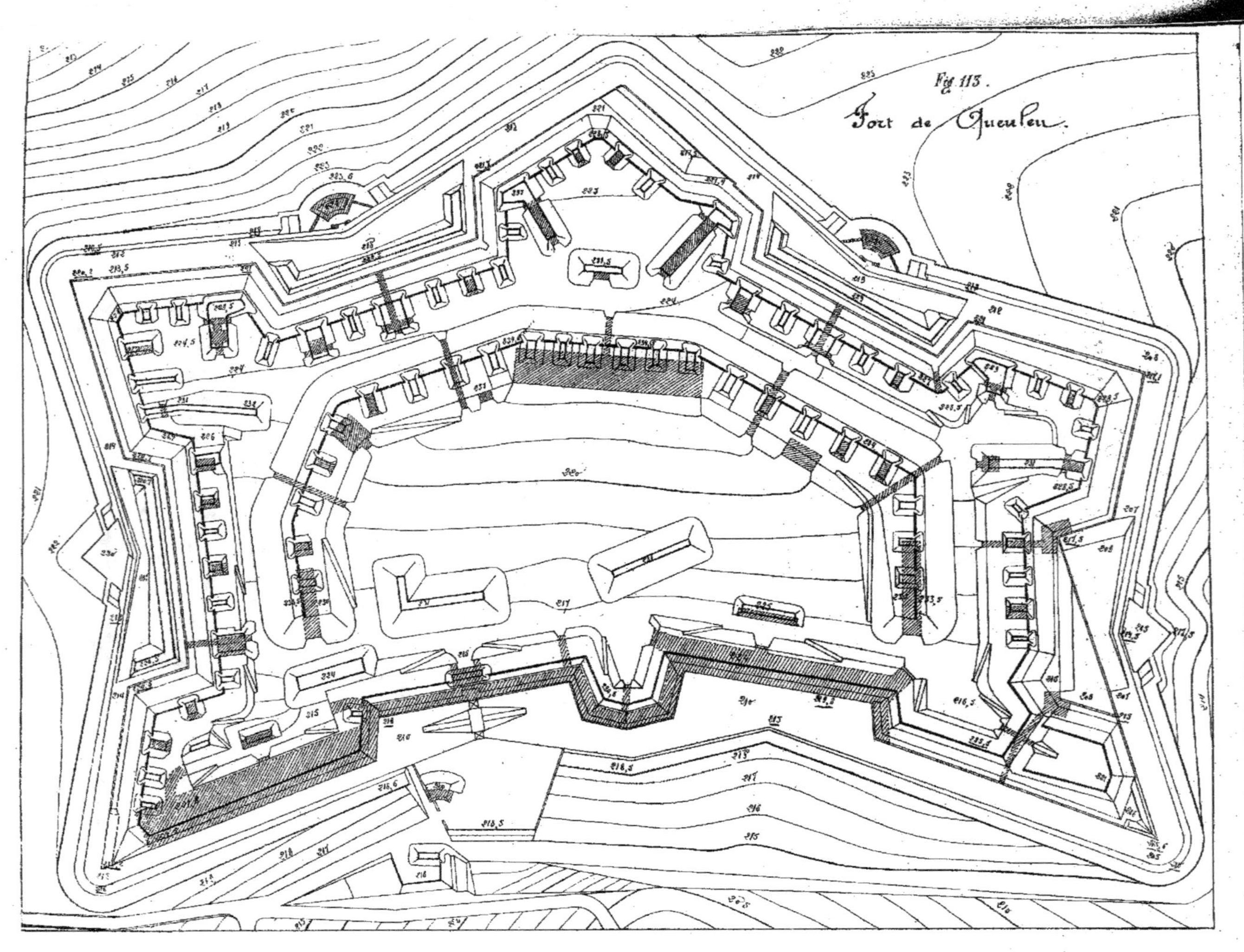

Fig 113.
Fort de Queuleu.

Place de Mayence.

Esquisse du Fort Bingen.

Plan d'ensemble.
(Ech: 1/2000)

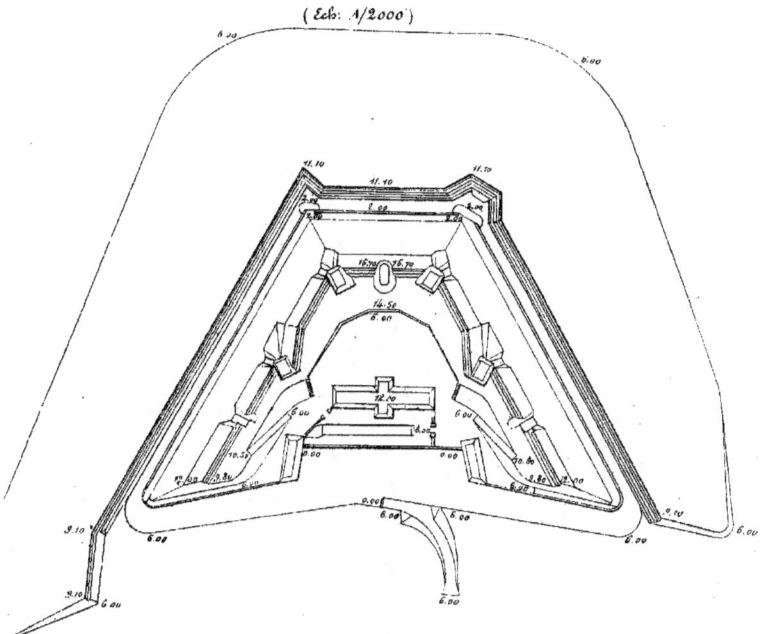

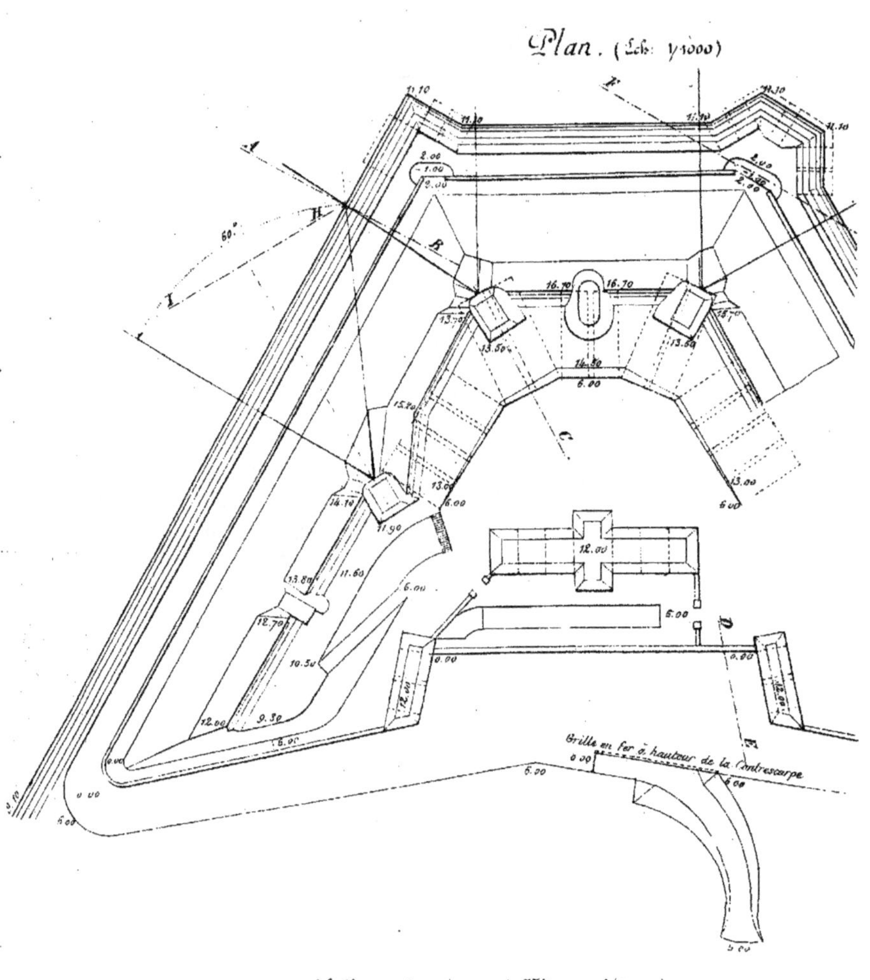

Fig. 114 bis.
Mayence.— Fort Bingen.
Plan. (Ech: 1/1000)
Grille en fer à hauteur de la Contrescarpe
Echelle de 0m.001 pour 1 Mètre (1/1000)
Mètres.

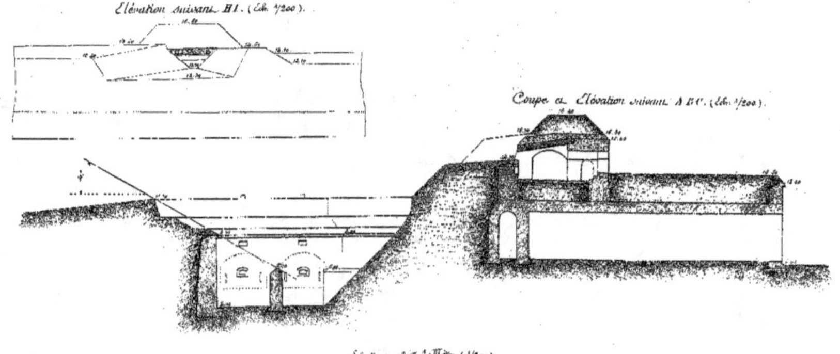

Pl. 114 bis.
Mayence. _ Fort Bingen.
Elévation suivant HI. (Éch. 1/200).
Coupe et Elévation suivant ABC. (Éch. 1/200).
Echelle de 0.m,001 à 1 Mètre (1/200).
Mètres.

Fig. 115.

Fort de Gosport à Portsmouth. (1859-1860)

Plan. 1/2000.

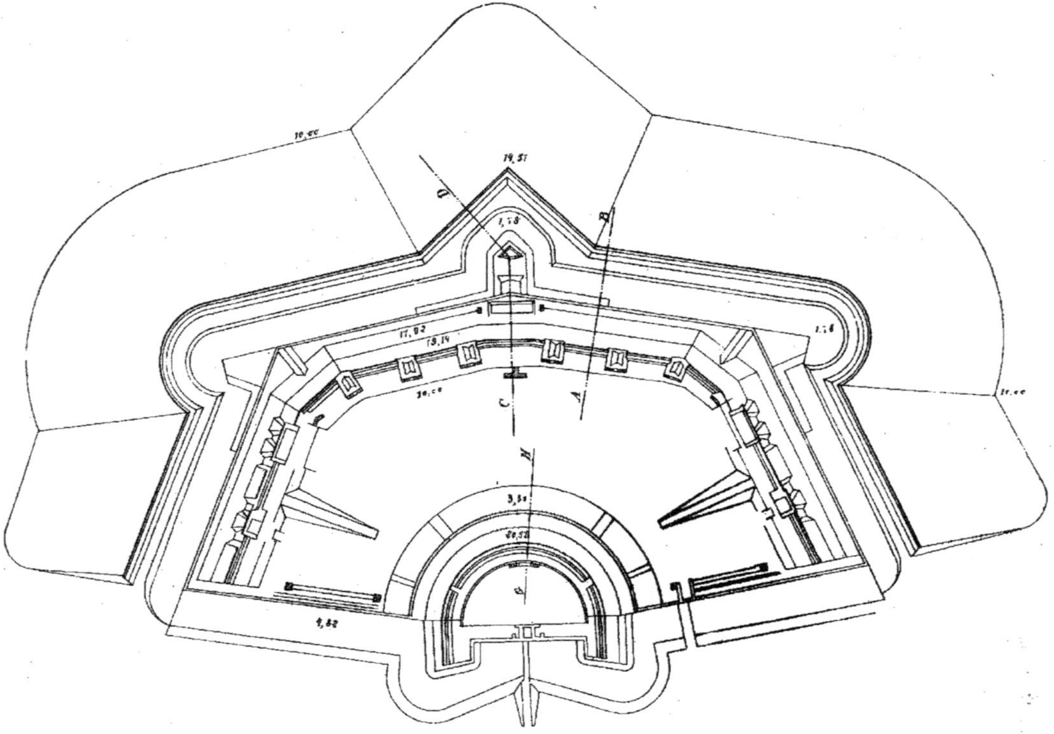

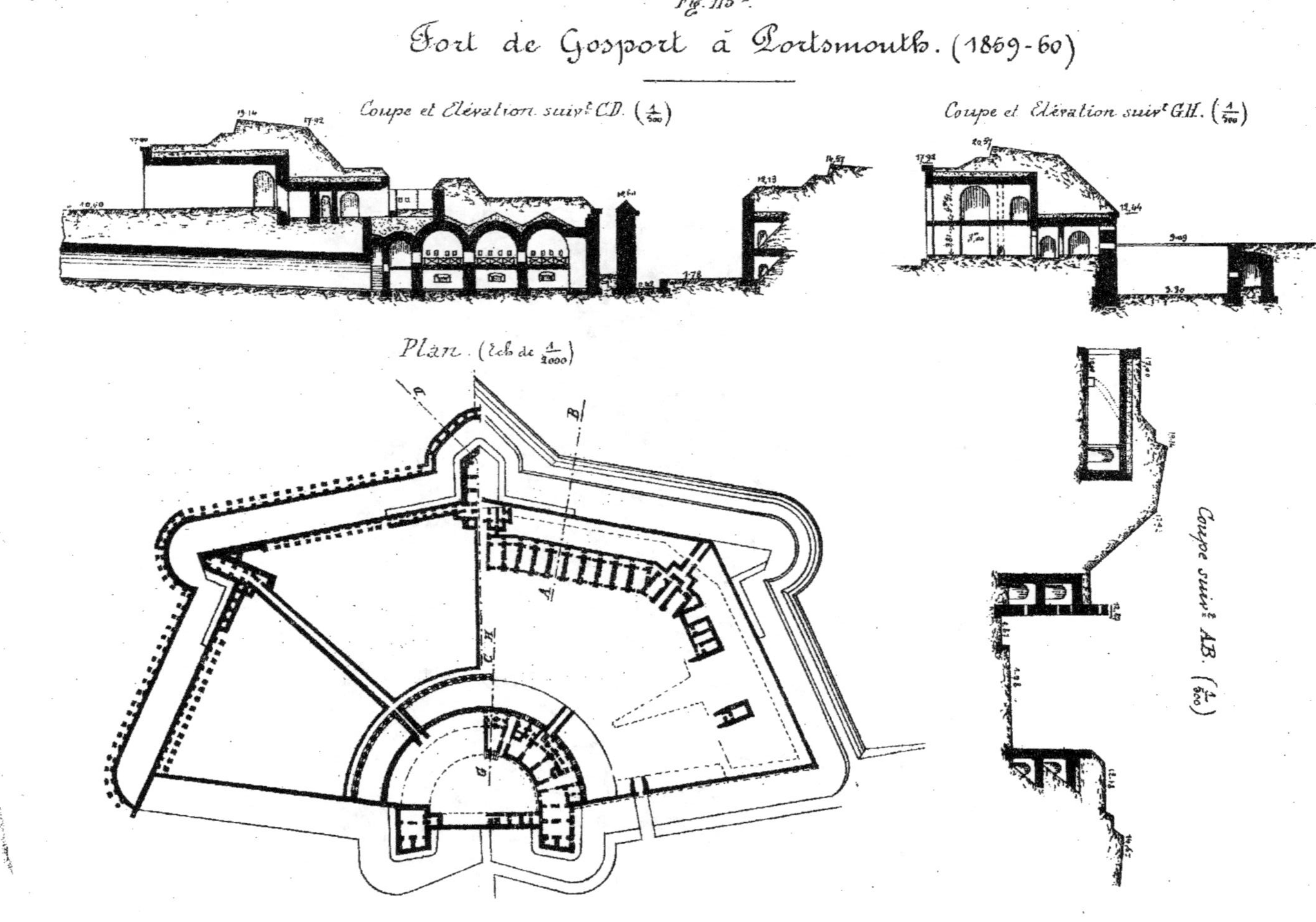

Fig. 115 bis.
Fort de Gosport à Portsmouth. (1859-60)
Coupe et Élévation suiv.t CD. (1/500)
Coupe et Élévation suiv.t GH. (1/500)
Coupe suiv.t AB. (1/500)
Plan. (Éch.e de 1/2000)

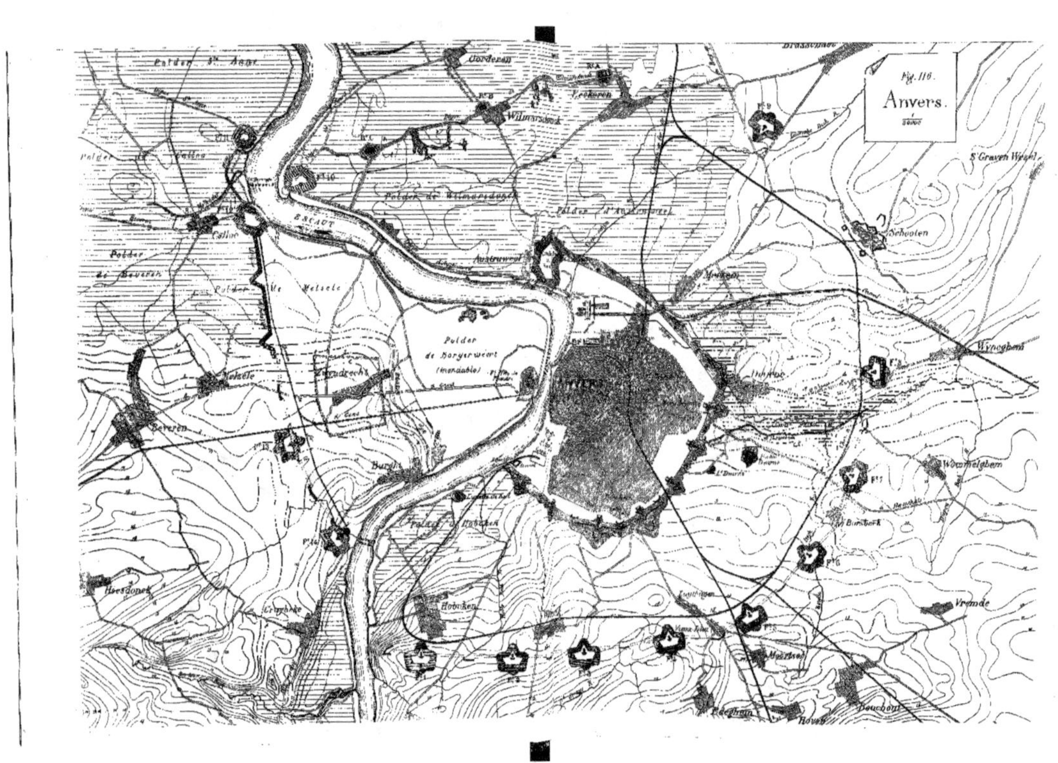

Fig. 116.
Anvers.
1/80000
Brasschaet
Polder S'e Anne
Oorderen
Eeckeren
Wilmarsdonck
Polder de Wilmarsdonck
Polder d'Austruweel
Austruweel
S' Graven Wesel
Schooten
Merxem
Wynegbem
Polder Wallen
Callo
Polder de Beveren
Polder de Melsele
Melsele
ANVERS
Deurne
Borgerhout
Polder de Borgerweert
(inondable)
Oudaecht
Beveren
Burght
Wommelghem
L'Deurne
S' Bernard
Haesdonck
Cruybeke
Hoboken
Contigem
Vremde
Maerhel
Edeghem
Hove
Bouchout

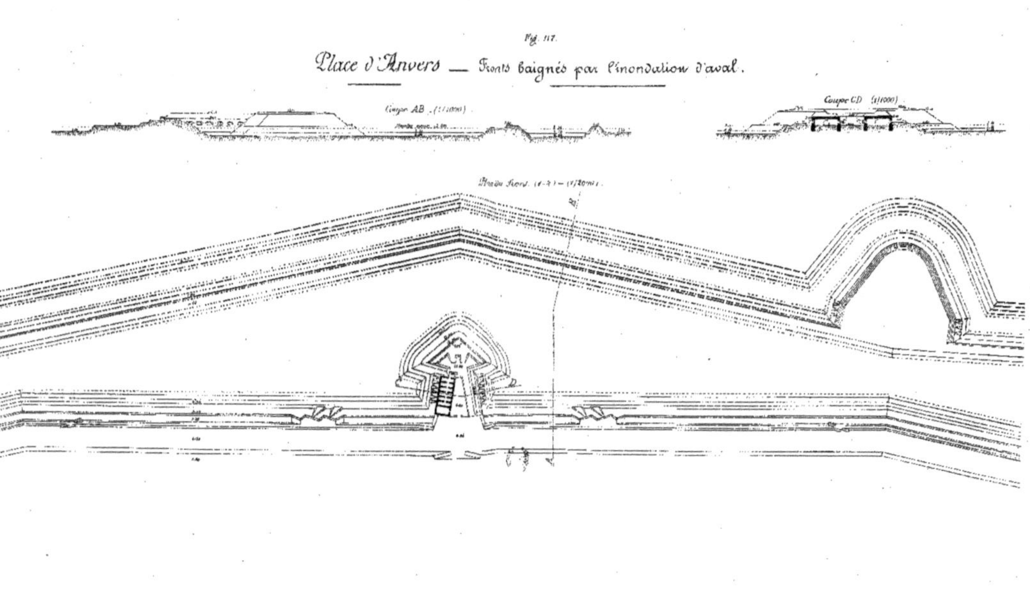

Fig. 117. Place d'Anvers — Fronts baignés par l'inondation d'aval.

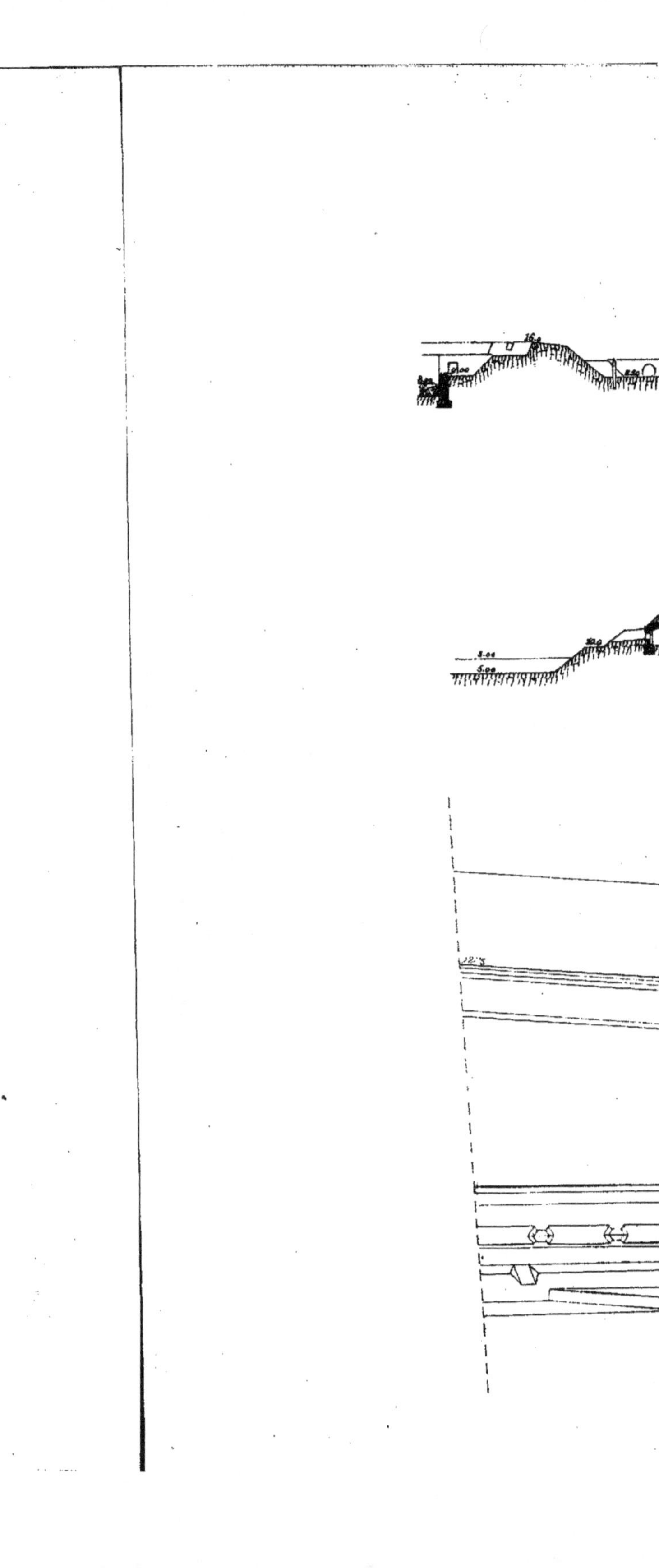

Fig. 11.
Place d'Anvers.
Fronts avec ravelins.
Plan du Fr. (5-6) (1/2000)
Coupe ABCD (1/1000)
Coupe GH (1/1000)
Coupe EF (1/1000)
Front moyen de l'enceinte de Paris, pour servir de terme de comparaison

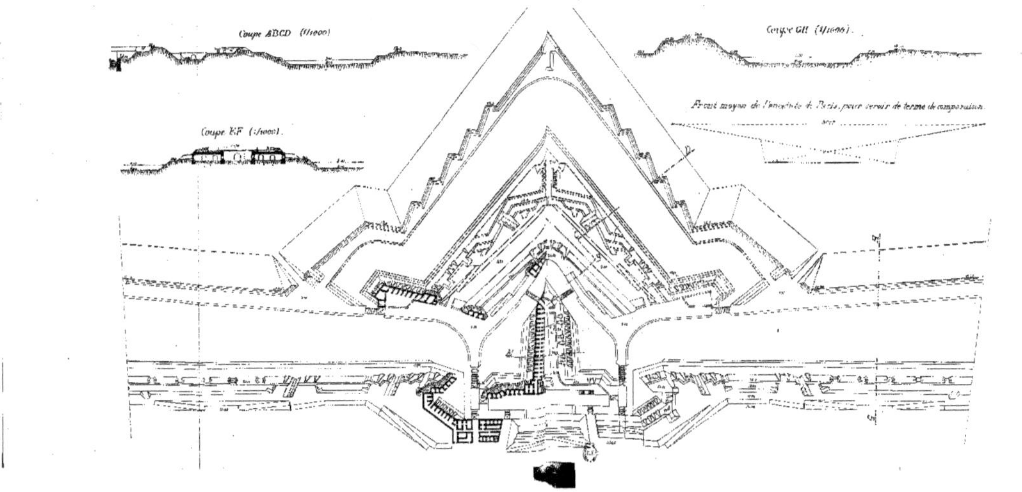

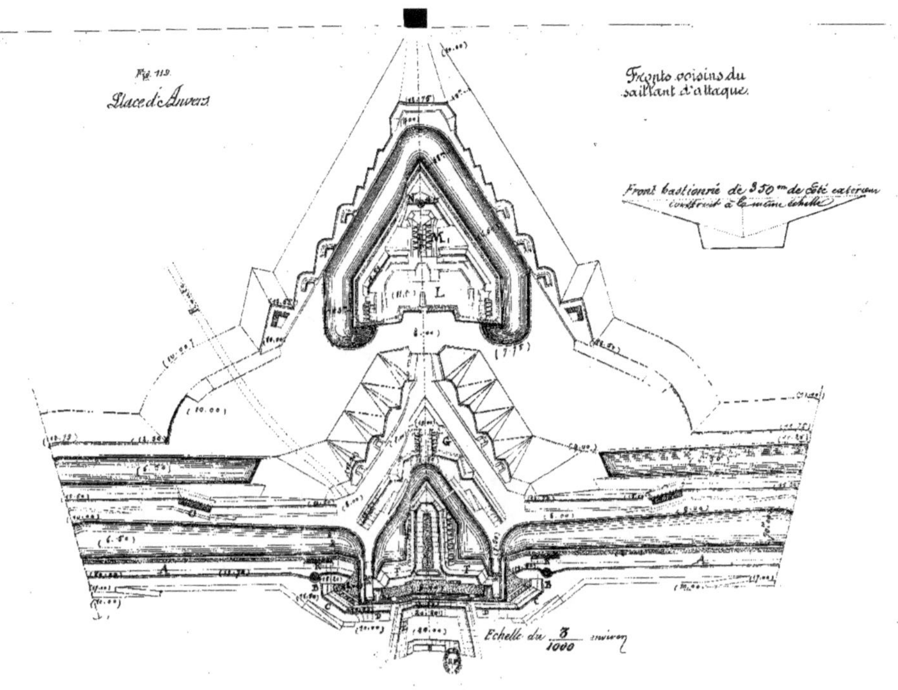

Fig. 112.
Place d'Anvers
Fronts voisins du saillant d'attaque.
Front bastionné de 350 m de côté extérieur construit à la même échelle.
Échelle du 8/1000 environ.

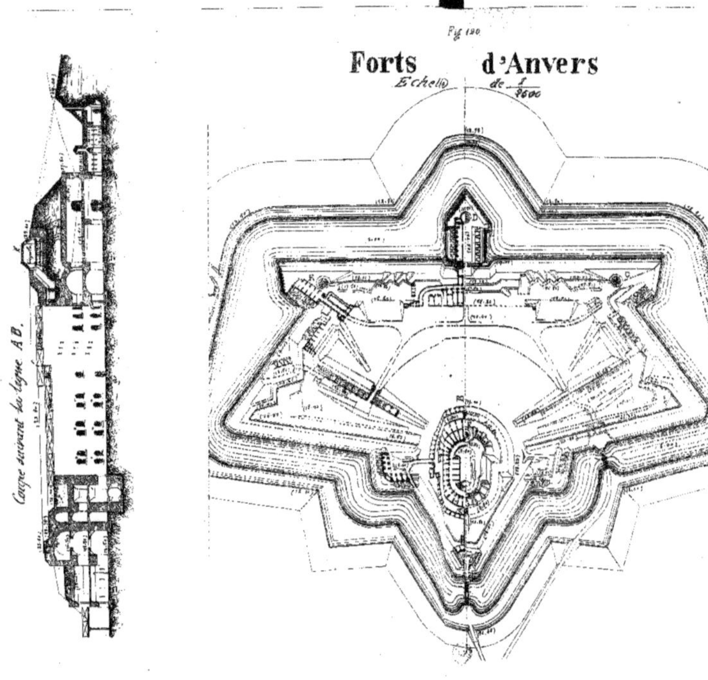
Fig 190
Forts d'Anvers
Echelle de 1/9600
Coupe suivant la ligne A B.

Annexe.

Tracés de fronts anciens.

Tracé d'Errard de Bar-le-Duc. On donne dans tous les Cours de fortification un tracé géométrique qui résume la méthode d'Errard ; nous reproduisons ici celui qui se trouve dans le livre de fortification de Noizet St Paul (T. I, p. 32).

« Soit AB un des côtés du polygone qui circonscrit la ville et le terrain où
« doit être placée la fortification, en passant par les pointes des bastions. Divisez les
« angles du polygone en deux angles égaux par les lignes AL et BO et faites les angles
« IAO et OBL de 45° : ces angles seront les moitiés de ceux des bastions, qui auront
« par conséquent 90°. Partagez ces angles IAO et OBL en deux angles égaux par les
« lignes AF et BG, et des points F et G, où elles rencontrent celles BL et AO, menez
« la courtine FG et abaissez les flancs FH et GI perpendiculairement sur les faces
« AH et BI ; faites ensuite FR et GP égales au tiers des flancs ; menez RE et PQ paral-
« lèlement à la courtine FG et de la longueur de 6 à 8 mètres, et tirez les lignes QS et RK
« parallèlement aux flancs, pour avoir des orillons à pan coupé, tels que celui REKH ;
« ou, sur ces lignes comme diamètres, décrivez les demi-cercles pour en avoir de concaves,
« tels que celui QNS. La ligne brisée AKERFGPQNSB sera sur un des fronts de la for-
« tification demandée. Si l'on fait les mêmes opérations sur les autres côtés du polygone,
« il sera fortifié suivant la méthode d'Errard. »

Tracé d'Errard de Bar-le-Duc.

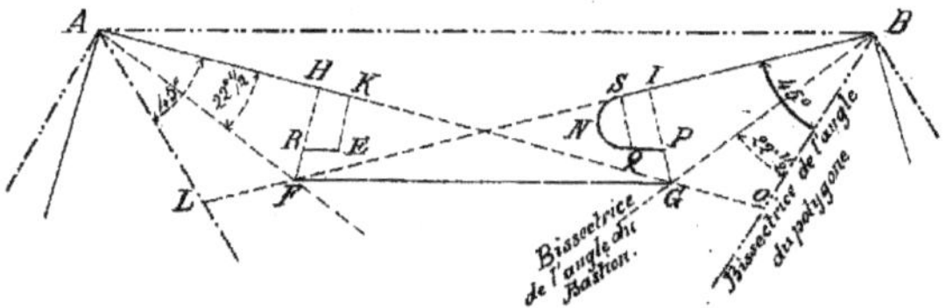

Nous donnons ci-dessous le tracé de Deville, tel qu'il est résumé dans l'ouvrage de Noizet S. Paul (T. I, p. 38) :

« Supposons RA, AB, BS, etc., les côtés du polygone qui renferme la ville ou le « terrain à fortifier, de manière que la fortification tombe au dehors de ces côtés, au lieu « de tomber au dedans, comme dans le tracé d'Errard. Partagez les angles RAB et SBA « du polygone en deux angles égaux par les capitales TO et TP ; ces lignes concourront « au centre, si le polygone est régulier.

« Faites AM, AC, BD et BN égales au sixième $\left(\frac{1}{6}\right)$ du côté du polygone, ex « des points M, C, D et N, élevez les perpendiculaires ML, CE, DE et NK que vous ferez « aussi égales au sixième d'un côté ; tirez ensuite les lignes LE et FK qui couperont « les capitales en I et H ; faites IO et HP égales à IE et FH, et menez les faces OE, OL, PF et PK.

« Enfin sur les flancs CE et DF, construisez les orillons GVE et QZF ainsi « qu'il suit : Faites DQ égale au tiers de DF, par le point Q, menez QA égale AD ei « dirigée au saillant O ; par le point a, élevez la perpendiculaire ab, qui coupera le « prolongement de la face en b et par le milieu C de cette perpendiculaire ab, élevez- « en une autre cl, qui coupera en l la ligne Qb ; le point l sera le centre de « l'orillon et OEVG CDQZFP sera le front demandé ».

« Cette construction rend l'angle saillant des bastions droit, puisque IO est égale « à IE et ne donne des flancs de courtine qu'aux polygones supérieurs à l'hexagone ; « car à ce polygone, le prolongement des faces va tomber aux angles de flanc opposés. »

Autrement dit, dans le cas de l'hexagone les lignes de défense sont rasantes ainsi qu'on le voit dans la figure ci-contre où le prolongement de OE passe sensiblement en D, car ce prolongement fait avec la courtine un angle de 15° dont la tangente est $\frac{1}{2+\sqrt{3}} = \frac{1}{3,732}$, calculée par la formule $tg\, a = \frac{\sin 2a}{1 + \cos 2a} = \frac{\sin 30°}{1 + \cos 30°}$ ($\sin 30° = \frac{1}{2}$ $\cos 30° = \frac{\sqrt{3}}{2}$). D'un autre côté, la ligne DE fait avec la courtine un angle dont la tangente est 1/4.

Pour le pentagone, le prolongement de la face OE vient ficher dans le flanc du bastion opposé, ce qui rend une partie de ce flanc inutile pour la surveillance des faces.

Le tracé est applicable au carré, ou plutôt le flanquement des faces est nul.

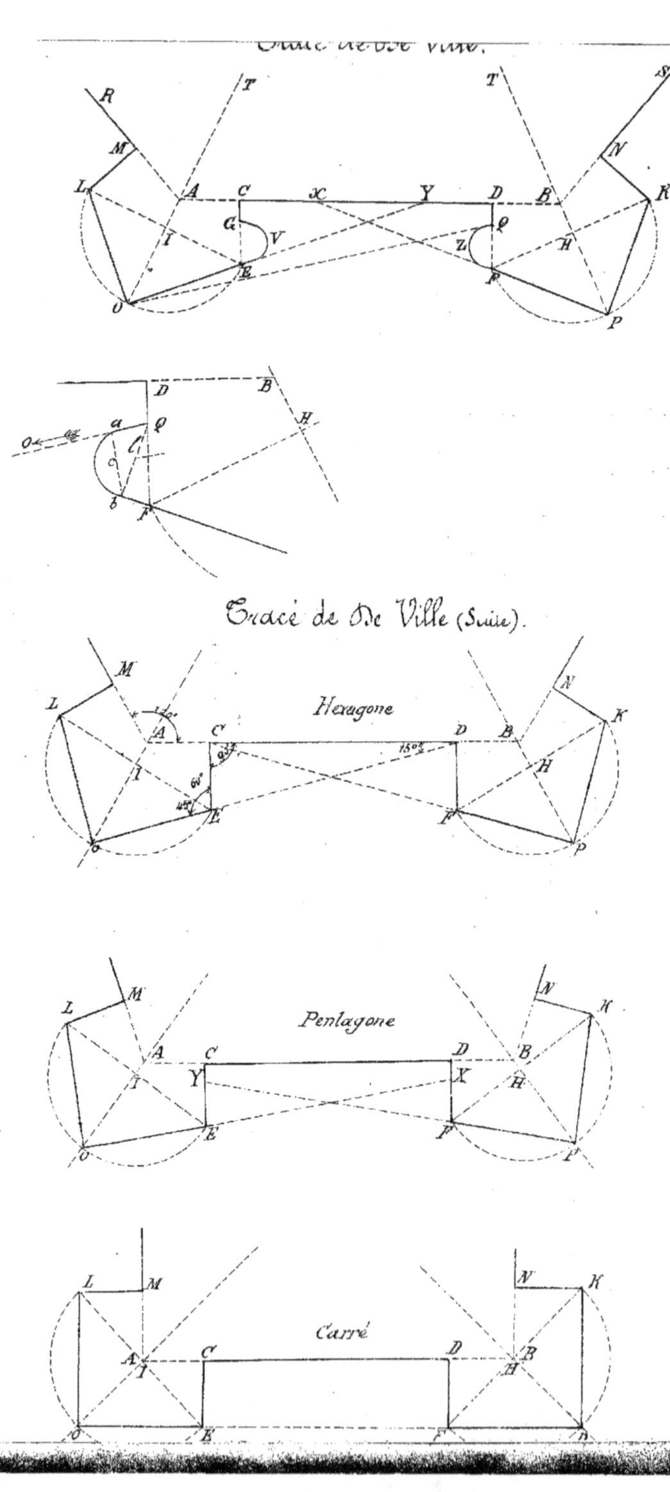

Tracé de De Ville.
Tracé de De Ville (Suite).
Hexagone
Pentagone
Carré

Leblond, dans ses éléments de fortification (p. 190), résume ainsi qu'il suit le tracé de la moyenne fortification de Pagan :

« Pour construire la moyenne fortification, soit AB le côté d'un polygone, par « exemple d'un hexagone. On le supposera de 360 mètres ; on le divisera en deux égale-« ment en D, et de ce point on élèvera une perpendiculaire DC de 60 mètres. Par les points « A et B et par le point C, on tirera les lignes de défenses indéfinies AN, BM : on prendra « les faces AE, BF de 110 mètres et CM et CN chacune de 64 mètres ; l'on tirera les lignes « EM, FN, qui seront les flancs de ce front, et MN qui en sera la courtine.

« On peut déterminer les flancs FN et EM, en faisant tomber des points F E des « perpendiculaires sur les lignes de défense AN, BM. »

Pour tracer la grande ou la moyenne fortification, il suffit de faire varier les longueurs de certaines lignes, conformément au tableau suivant :

	AB (côté extérieur)	CD (Perpendiculaire)	AE (Face)	CM
Grande fortification.....	400^m	60^m	120^m	74^m
Moyenne fortification.....	360	60	110	64
Petite fortification	320	60	100	54

Tracé de la moyenne fortification de Pagan.

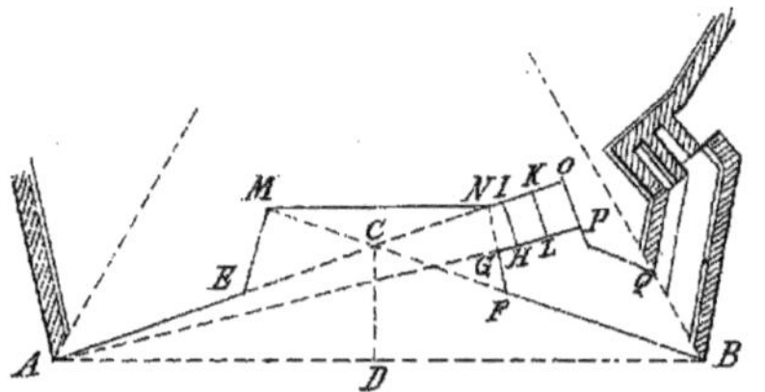

Tracé du front du 2ᵉ Système de Vauban. Tracé du Corps de place.

Nous donnons ici le tracé du front du 2ᵉ Système de Vauban d'après Leblond :

« Soit AB le côté d'un hexagone régulier. On supposera ce côté de 240 mètres.

« On prendra AM et BK chacune de 8 mètres ; des points M et K, on élèvera les perpendiculaires MN, KF de 12 mètres.

« Au point N, on abaissera sur le rayon prolongé du polygone, la perpendiculaire « NT. On fera TG égale à TN et l'on tirera la ligne NG. On tirera de même la ligne FL et « l'on aura les petits demi-bastions GNM, KFL, dont AM et KB sont les demi-gorges, MN et « FK les flancs, et NG et FL les faces. Ces petits bastions sont nommés tours bastionnées.

« Cela fait, par l'angle d'épaule N et par l'angle flanqué L de la tour opposée, on « tirera la ligne NL ; on tirera de même la ligne FG.

« Sur le côté intérieur AB, l'on prendra AC et BD, chacune égale au quart de AB, « c'est-à-dire de 60 mètres ; à chacun des points C et D, on élèvera des perpendiculaires « indéfinies CQ et DP.

Tracé des bastions détachés.

On prolongera ensuite la capitale BL indéfiniment en dehors de la tour, et l'on portera sur cette capitale prolongée, 80 mètres de L en R.

« On prolongera de même la capitale AG et l'on fera aussi GI de 80 mètres. Par « le point M et le point K, on tirera MR ; et, par K et I, la ligne KI. Ces lignes couperont « les perpendiculaires DP et CQ dans des points P et Q. On prendra DV et CS chacune de 2 « mètres et l'on tirera les lignes PV et QS que l'on terminera en Z et en H, où elles rencontrent « les lignes NP, FG ; l'on aura les demi-bastions détachés IQH, RPZ, dont IQ et PR sont les faces, « et QH et PZ les flancs. Ces bastions détachés, ainsi placés devant les tours bastionnées, sont « nommés contregardes dans ce système de fortification.

Fossé des tours bastionnées.

« Pour faire le fossé des tours bastionnées, on mènera une parallèle à la face de « la tour GN, à la distance de 14 mètres et en prolongeant cette parallèle jusqu'à ce qu'elle « coupe la ligne HG en un point O. »

Fossé des bastions détachés.

On trace le fossé des contregardes de la manière qu'on l'a fait pour celui du Corps de place dans le premier système de Vauban, en lui donnant 30 mètres de largeur aux angles flanqués.

Tracé de la tenaille.

On construira des tenailles devant les courtines comme dans le premier système. Le côté intérieur ou la gorge de ces tenailles sera prise sur HZ.

Tracé de la demi-lune.

« Pour construire la demi-lune devant la tenaille, on donnera 90 ou 100 mètres « à sa capitale et on alignera les faces sur celles des contregardes à 20 mètres des « angles de l'épaule.

Fossé de demi-lune.

« Le fossé de la demi-lune aura 24 mètres de largeur. La construction du « chemin couvert et celle du glacis n'ont rien de particulier. »

Organisation intérieure des tours bastionnées.

Pour achever le tracé des contours des tours, on prolonge le flanc FK de 4 mètres jusqu'en α et de même pour l'autre flanc ; la ligne αβ donne la gorge de la tour.

Dans les tours bastionnées, l'étage souterrain est formé par des voûtes en berceau et à plein cintre, reposant d'une part sur les murs extérieurs et d'autre part sur un pilier central. Les flancs de chacune des tours sont percés, à l'étage inférieur, de deux embrasures à la française ; il en est de même des flancs de l'étage supérieur, lequel est maintenu à ciel ouvert ; les faces dans celui-ci sont également munies de deux embrasures chacune.

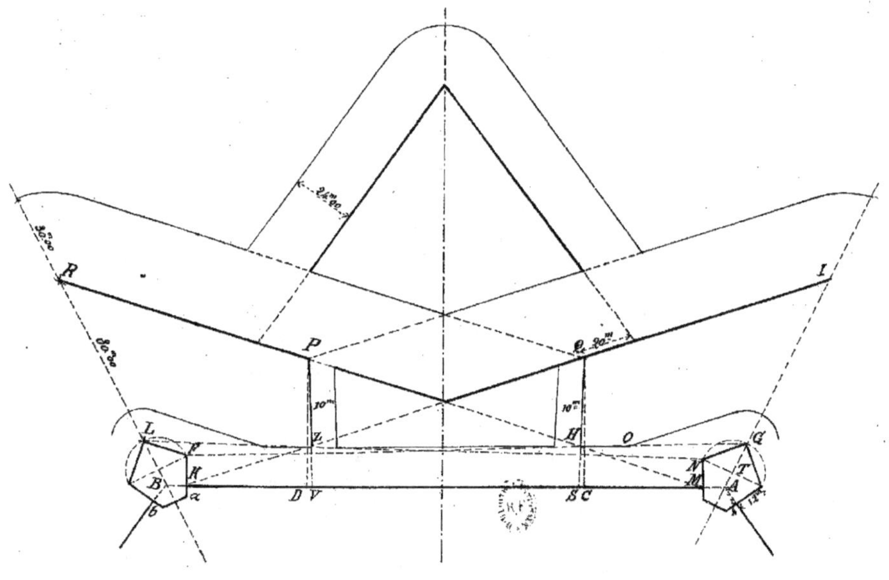

Tracé du Front du 2ᵉ Système de Vauban.

Tracé du 1ᵉʳ Système de Cœhorn.

<table>
<tr><td valign="top" width="25%">

Tracé par le côté intérieur.

</td><td valign="top">

Cet ingénieur est le dernier de ceux qui aient tracé les fronts par le côté intérieur. Ce côté, AB, étant pris de 300 mètres et les rayons AC et BD du polygone à fortifier étant fixés de position, on portera sur ceux-ci des longueurs AC et BD de 150 mètres (AC = ½ AB), afin de déterminer les saillants des bastions. Les demi-gorges, AG et BH étant prises de 75 mètres (AG = ¼ AB), on tirera CH et DG qui donneront la direction des faces et des lignes de défense rasantes. Pour avoir les flancs, on décrira, de l'angle flanqué C pris pour centre et de l'intervalle de la ligne de défense CH, l'arc FH ; on fera de même pour obtenir le flanc EG. On obtient ainsi le tracé du corps de place, DFHGEC.

</td></tr>
<tr><td valign="top">

Courtine basse ou tenaille et courtine haute.

</td><td valign="top">

La tenaille ou courtine basse, ainsi nommée par opposition à la courtine proprement dite HG, appelée courtine haute par Cœhorn, s'obtient, dans son trait principal, en décrivant, de l'angle flanqué C, l'arc KM, compris entre les deux lignes de défense, avec un rayon CM de 280 mètres (CM = 14/15 AB). Le reste de la construction de la tenaille, laquelle est brisée en avant, s'explique facilement par l'examen de la figure.

</td></tr>
<tr><td valign="top">

Face basse du bastion ou bastion extérieur. Bastion haut ou bastion capital. Orillon, dit Tour de pierre.

</td><td valign="top">

Mais le tracé précédent ne donne que la face basse du bastion ou le bastion extérieur. À l'intérieur de celui-ci, se trouve un bastion haut, avec escarpe en maçonnerie de 3ᵐ30 de hauteur, que Cœhorn nomme bastion capital. La figure (1) ci-contre rend suffisamment compte du tracé de celui-ci ; nous ne nous arrêterons pas à le décrire.

La face basse porte, à son extrémité, un orillon, dit tour de pierre qui soustrait le flanc bas aux coups dangereux de la campagne et sert en outre de corps de garde, de magasin, de batterie et supporte une plateforme supérieure à ciel ouvert, organisée défensivement. Sans nous arrêter aux détails du tracé de cet orillon, disons seulement qu'il est fortement cloisonné, du côté d'où viennent les coups, par des contreforts reliés entre eux au moyen d'arcs en maçonnerie dont tous les intervalles sont remplis de terre fortement damée.

La face intérieure de l'orillon est percée de six embrasures qui donnent des feux rasants dans le fossé sec du bastion capital et le prend ainsi d'enfilade.

</td></tr>
</table>

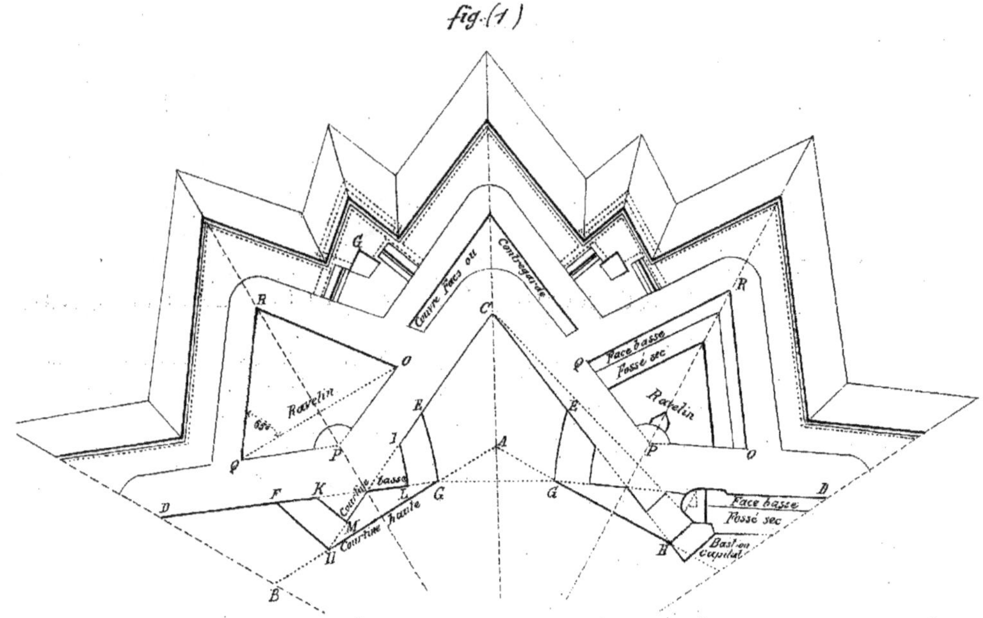

fig.(1)
Couvre Faces ou Contregarde
Face basse
Fossé sec
Ravelin
Ravelin
Face basse
Fossé sec
Bastion capital
Courtine basse
Courtine haute
A
C
E
E
I
G
G
K
L
M
H
O
O
P
P
Q
Q
R
R
D
D
B
F

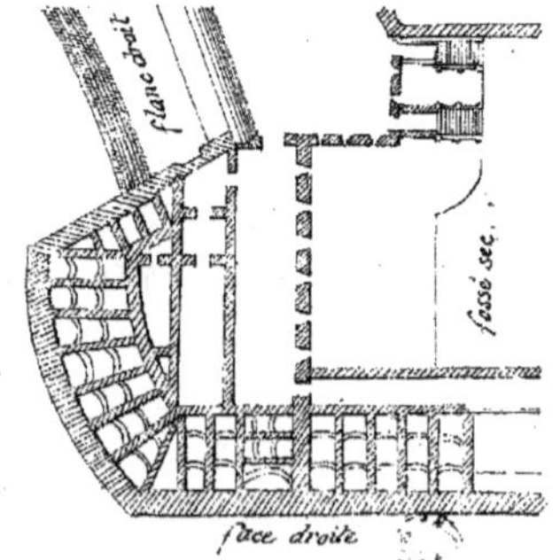

flanc droit
fossé sec.
face droite

Tracé géométrique du front de Cormontaingne.

Les nombres du tableau suivant peuvent servir à faire la comparaison entre le tracé du front de Cormontaingne et celui de l'hexagone de Vauban, dans lequel la perpendiculaire du front est aussi de $1/6^e$ du côté extérieur.

	Hexagone de Vauban.	Front du Mémorial.
Côté extérieur	360^m	360^m
Perpendiculaire	$60^m \left(\frac{1}{6^e}\right)$	$60^m \left(\frac{1}{6^e}\right)$
Face	$100^m \left(\frac{2}{7^e}\right)$	$120^m \left(\frac{1}{3}=\frac{2}{6^e}\right)$
Flanc	$54^m \left(\frac{1}{7^e}\right)$	$40^m \left(\frac{1}{9^e}\right)$
Ligne de défense	$270^m \left(\frac{3}{4}\right)$	$252^m \left(\frac{5}{6^e}\right)$
Courtine	$152^m \left(\frac{5}{12^e}\right)$	$120^m \left(\frac{1}{3}\right)$

Tracé géométrique du front de Cormontaingne.

$AB = 360^m$

$CD = \frac{1}{6} AB = 60^m$

$AE = BF = \frac{1}{3} AB = 120^m$

$GH = G'H' = \frac{1}{3} AB = 120^m$

$EG = FH = 40^m$

$IJ = 120^m$

$FK = EL = 30^m$

$MN = MP = 54^m$

$NO = OP = 60^m$

$MQ = MR = 40^m$

$QS = RS = 36^m$

$TU = TU' = 20^m$

(Échelle de $\frac{1}{2000}$)

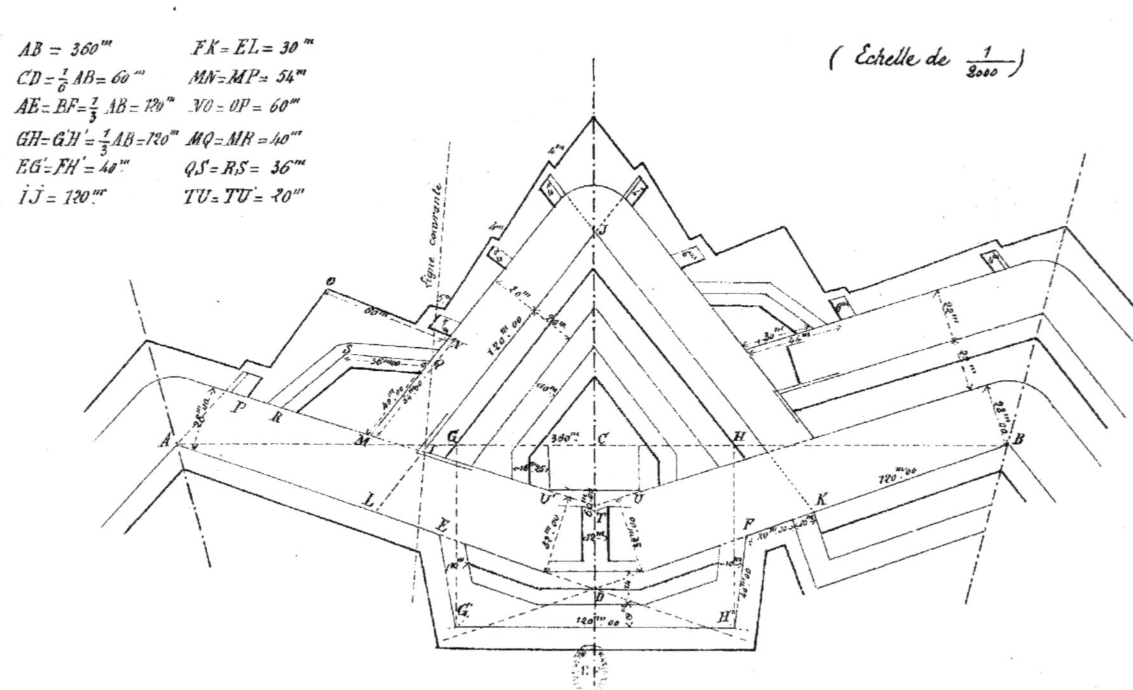